尺度的本质

孙玉忠◎编著

北方妇女儿童出版社
·长春·

图书在版编目（CIP）数据

尺度的本质 / 孙玉忠编著. -- 长春 : 北方妇女儿童出版社, 2024. 6. -- ISBN 978-7-5585-8593-7

Ⅰ. C912.11-49

中国国家版本馆CIP数据核字第2024QH8047号

尺度的本质

CHIDU DE BENZHI

出版人　师晓晖
策划人　陶　然
责任编辑　关　巍
装帧设计　天下书装
开　　本　710mm × 1000mm　1/16
印　　张　9
字　　数　123千字
版　　次　2024年6月第1版
印　　次　2024年6月第1次印刷
印　　刷　阳信龙跃印务有限公司
出　　版　北方妇女儿童出版社
发　　行　北方妇女儿童出版社
地　　址　长春市福祉大路5788号
电　　话　总编办：0431-81629600

定　　价　49.80元

PREFACE

前 言

人生在世，每个人都需要面对各种各样的生活难题，同时也需要凭借自身的努力去构建和谐健康的社交关系。在这个过程中，我们会遇到形形色色的人，也会碰到各种各样的人际情况，如果我们能懂得一些关于尺度的智慧，就能较好地解决交际难题，也能更好地维护自己的社交圈。相反，如果我们不具备一定的尺度智慧，不懂得如何在社交关系中运筹帷幄、合理调配，那么当我们遇到复杂的社交难题，或者遇到棘手的社交对象时，就会变得束手无策，甚至最终让自己的社交圈变得一团糟。

那么，什么是尺度的智慧呢？简单来说，所谓的尺度，其实就是人们口中常说的分寸，或者规则。当我们进入社会生活中，与各种各样的人和事发生交集时，就需要掌握一定的分寸，把握好做人做事的尺度，比如在与人交往的过程中，要懂得保持低调，为人谦虚，千万不要在人前过分张扬，免得遭人嫉恨；又比如在与人交谈的过程中，要懂得一定的说话之道，千万不要因为口无遮拦而得罪人；再比如面对名利或者成败时，我们要懂得保持淡然之心，用正确的目光看待它们，而不是成为名利或成功的奴隶；又比如在与人交往的过程中，我们要懂得灵活地与人相处，在保持宽容的同时努力取长补短，实现自身的向上发展，如此才能获得正向的社交距离，也才能在保护好自身的同时，做到不侵犯他人的隐私，同时又能在彼此间架起一座友谊的桥梁。

为了帮助广大读者更好地理解尺度的本质和内涵，我们特意编写了这部《尺度的本质》，本书从当下社交实际中的尺度智慧入手，精选与大家日常生活和交际息息相关的内容，主要涉及低调、言谈、名利、成败以及交际往来等，每个领域都完美贴合当下的社交现实情况，同时又涵盖了极具代表性的真实话题，通过由浅入深、环环相扣的方式编写而成，力求带领广大读者一同感受生活中的细枝末节，由此明白做人做事的尺度智慧，懂得如何在尺度之间处理好自己的人际关系，如何正确看待名利、成败以及如何与人交际等。

值得一提的是，为了增强本书的阅读性和趣味性，我们还在书中绘制了高清的插图漫画，一举实现了图文并茂的阅读效果，同时也能帮助读者更好地理解书中的内容与观点。

CONTENTS

目 录

第一篇 深沉的智慧，低调隐忍的非凡之路

第二篇 言之成金，巧妙言辞成就非凡人生

第三篇 名利之外别有洞天，探寻内心的宁静与平衡

第四篇　在挫败中绽放，成功的另一种路径

第五篇　人际交往的智慧，洞察他人内心的智慧

第一篇

深沉的智慧，低调隐忍的非凡之路

一个人有才华固然是件值得高兴的事，可是如果凭着才华招摇过市，就会给自己招来灾祸。俗话说：“木秀于林，风必摧之。”适当的时候，我们要学会收敛锋芒，懂得藏拙，这样才能得到一个好结果。古人所说的大智若愚就是这个道理，愚有时也是一种智慧，是聪明的表现。

藏锋守拙：低调中成就非凡

在生活中，我们需要放下架子，收敛锋芒，暗暗地为自己寻求更多的发展机会，创造更多的价值为自己所用。唯有低调的人才能走得更安全、更长远。

没有人不想一鸣惊人，可是，在一鸣惊人之前会有一个漫长的蓄力过程，在这个过程中，人们通常会相互猜忌，不希望他人比自己强，所以，那些贤才更容易遭到他人嫉妒。

人生在世，一定要学会谦虚，学会隐藏自己的才华，不要太高看自己，而要学会“夹起尾巴”做人。一个人太过高调，往往会引起他人的不满，别人会有意无意地针对他。只有那些懂得收敛自己的脾性，懂得忍耐的人，才更有可能在激烈的竞争中脱颖而出，成为天之骄子。

司马懿是三国时期著名的政治家、军事家、战略家，西晋王朝的奠基人之一。他出生于一个世家大族，自幼便受到良好的教育，具备深厚的文化素养和卓越的智慧。

建安六年（201年），曹操注意到了年仅23岁的司马懿，欲将其招揽至自己麾下。然而，对于曹操的意图，司马懿早已洞悉。他不愿过早地卷入那复杂的权力旋涡中，于是选择了一个出人意料的策略——他宣称自己身患重病，无法为朝廷效力。

曹操对于司马懿的病情持怀疑态度，于是派出密探深夜造访。然而，司马懿凭借着过人的机智和应变能力，成功地让密探相信了他的病情。就这样，他巧妙地避开了曹操的第一次征召。

之后，司马懿继续默默地积蓄着力量，等待着时机。

最终，在历史的洪流中，司马懿找到了那个属于他的时刻。他凭借着过人的智慧与谋略，成功地帮助司马家夺得了天下，建立了新的王朝。

大智若愚才是真正的大智慧

人生在世，要学会给他人留余地，不要过于展露自己。适当的时候要学会装傻，给他人一个表现自己的机会。如果你总是炫耀自己的才华，难免会遭到他人的敌视，这样一来原本一些很容易完成的事情也会徒增很多困难。

沉稳显英雄本色：沉得住气的智慧人生

俗话说："心急吃不了热豆腐。"做事情也是一样，要想追求长远目标，就不能操之过急。如果在时机未成熟时就妄行，反而会让事情向更糟糕的方向发展。

一个浮躁的人通常眼光比较狭隘，只能看到眼前的小利益，最终和成功失之交臂。只有一心求稳、脚踏实地的人，才能最终取得成功。

如果时机未到，你勉强自己去做，不仅难以获得成功，还可能消耗自己的热情，白白浪费力气。小草看似不起眼，甚至有些卑微，却可以熬过风雨，它就像那些低调做人的人，他们做事张弛有度，往往能在风雨中顽强生存，而那些行事冲动的人，看起来遭遇的挫折要比别人更多。

楚国的第五代国君是年轻的楚庄王熊侣，刚满20岁便坐上了王位。这个风华正茂的国君却面临着重重困境。在国外，晋国和众多小诸侯国频繁侵扰楚国的边境；而在国内，王公贵族之间的争斗也愈演愈烈。在这样的内忧外患下，楚庄王却选择了沉溺于声色犬马之中，不理朝政，整整“放纵”了三年，日夜沉迷于享乐之中。

然而，没有人知道的是，楚庄王其实是在暗中观察，韬光养晦，辨别忠奸。有一天，一位名为伍举的大臣勇敢地走到楚庄王面前，用隐晦的言辞质问道：“有一只鸟栖息在阜山上，三年不飞也不叫，这是什么鸟呢？”

楚庄王听后，意味深长地回答道：“这只鸟三年不飞，一旦飞起将直冲云霄；三年不叫，一旦鸣叫将震惊世人。”之后，他果断地处理了那些怂恿他沉迷享乐的奸臣。

经过这番整顿，楚庄王身边聚集了一批忠诚且有才干的治国能臣。在他们的协助下，楚庄王开始进行大刀阔斧的改革。

张弛有度，才是人生正道

人生之路，难免坎坷。当我们面对逆境时，不妨先蛰伏起来，等到时机成熟时再奋力一搏。只有懂得收回力量的人，才能积蓄更多的力量，等到顺境来临时，爆发出更大的力量。

速度和安全是一对好兄弟

俗话说得好：“欲速则不达。”如果我们一味地追求速度，从长远来看，反倒会降低效率。保持稳定的速度和节奏，张弛有度，一步一个脚印，才能离成功越来越近。这就像我们开车，只有保持合理的速度，才能既稳又安全，才能抵达更远的地方。

一个真正能成大事的人，都是沉得住气、耐得住寂寞的人。人生在世，遭遇坎坷是在所难免的，这时我们只有学会保持冷静，理性分析形势，才能转危为安，为自己赢得先机。如果困守眼前，可能会深陷迷雾无法自拔，连当下的事都做不好了。

在古代，南中地区的孟获率领庞大的军队意图征服蜀国，然而，蜀国的丞相诸葛亮希望通过和平的方式解决这场冲突，为未来北伐扫清障碍。

诸葛亮决定采取一次次的擒放，让孟获从内心深处感受到蜀国的强大与智者的包容。孟获首次被擒时，他本以为会遭受严惩，但诸葛亮解开他的束缚，邀请他参观蜀国的军营。孟获对此不以为意。

诸葛亮并未因此动怒，反而尊重孟获的决定，再次释放了他。孟获多次尝试逃脱并策划反击，但每次都被诸葛亮的计谋挫败。他六次被擒又六次被释放，但每次重获自由后，他都坚定地表示要战胜蜀军。然而，诸葛亮并未因此失去耐心，继续用智慧和包容去感化孟获。

在第七次被擒后，孟获终于意识到自己的无力和蜀军的强大。他对诸葛亮的宽容和智慧深感敬佩，并真诚地感谢他七次的不杀之恩。因此，他承诺不再反叛，之后南中地区的叛乱终于得到了彻底的平定。

苦难是成功的基石

俗话说得好："要想人前显贵，必得人后受罪。"一个人成功的背后，往往堆积着汗水和泪水。只有那些能吃苦、能忍受生活万般考验的人，才能成长为人上人。困难再大，只要我们有破釜沉舟的勇气，坚持努力，就会离成功越来越近。

虚怀若谷：在谦和中洞察万物

有的人但凡取得一点儿成绩，就盲目自大，瞧不起他人，其实这是非常不明智的表现。所有人都生活在社会这个大群体中，你的成就也源于其他人的助力。

假如你总是刻意地想要在他人面前展示自己多么有能耐，就会向他人释放种危险的信号，人家就会觉得自尊受到了践踏，从而对你产生敌意。

成功之后依然戒骄戒躁、谦虚好学的人，必定会赢得更多人的尊重，收获更多的善意。哪怕你在某一方面特别突出，也不能成为你凌驾于众人之上的理由。远离自负的心态，待人处世平和一些，才能更从容地走在人生大道上。如果你总是自以为是，是很难获得成功的。

在中国戏曲界，梅兰芳的名字如同一束光，照亮了京剧的天空。他的艺术成就如同巍峨的山峰，令人高山仰止。然而，这位巨匠并未因此而自满，反而怀着一颗谦逊的心，不断追求更高的艺术境界。

齐白石，一位德高望重的艺术家，在一次聚会上穿着朴素，略显寒酸。在宾客们的眼中，他成了易被忽视的存在。就在这时，梅兰芳的到来改变了整个现场的气氛。他穿过人群，向齐白石深深地鞠躬，表达了对这位前辈的敬意。这一幕震惊了现场的所有人，大家都被梅兰芳谦和有礼的态度征服。

梅兰芳的故事传颂至今，它告诉我们，谦逊待人和尊重他人是通往成功的基石。只有保持一颗谦卑的心，我们才能持续学习，不断进步。同时，尊重他人也是不可或缺的品质，无论对方的身份、地位如何，我们都应给予他们应有的尊重与关怀。这样的处世之道，才能让我们在人生的道路上越走越宽广，最终成为真正的佼佼者。

目空一切会让你得不偿失

当你功成名就，走上人生之巅，被鲜花和掌声包围时，千万不要迷失了自己，不要被荣誉和地位蒙住了双眼，一定要保持清醒的头脑，站在他人的视角审视自身的不足，找到自己前行的方向。

隐藏优越感是人际关系和谐的前提

人天生就是爱表现的，如果自己在某方面比别人强，就会生出优越感。在某方面有优越感的人，一定会不自觉地和他人比较，想要得到更多的满足感。但优越感的表现不可过度，要给他人留出表现的机会。懂得收敛自己的锋芒，保持谦虚的作风，才能收获良好的人际关系。

在人生的舞台上，无论你身处何地，扮演着何种角色，保持低调和谦虚都是赢得他人尊重的关键。因为当一个人以不可一世的姿态出现在他人面前时，他往往难以获得他人的真心尊重和认同。这种自大的态度还会让我们的人生失败得一塌涂地。

关羽是刘备麾下“五虎上将”之首，他的一生充满了传奇的色彩，被老百姓尊为神一般的存在。然而，英雄也有致命的弱点，关羽心高气傲，成为他悲剧的导火索。

关羽的骄傲并非毫无缘由，他武艺超群，威震华夏，是刘备麾下最得力的战将之一。但正是这种无人能敌的英勇，使得他逐渐滋生了骄傲自满的情绪。他看不起东吴的新任将领陆逊，认为对方只是一个乳臭未干的小孩子，根本不值一提。然而，正是这种轻视，让关羽陷入了危险的境地。陆逊虽然年轻，却是一位智勇双全的将领。他看穿了关羽的骄傲与轻敌，巧妙地运用战术，成功地击败了关羽。关羽败走麦城，陷入了绝境，最终在进退无路的情况下被东吴军队所杀。关羽的悲惨结局给我们留下了深刻的印象。骄傲自满是一种危险的态度，它会使人盲目自信，忽视潜在的威胁。

谦虚是成功的必备要素之一

真正有智慧的人，是不会随意向他人展露自己的优点的，他会始终走在努力奋斗的道路上，做自己应做之事。只有保持谦逊的态度，才能收获平静充实的内心，最终让自己受益。一个人如果骄傲了，他可能就没有心思潜心奋斗，自然也很难成功。

俯身拾贝：低姿态成就非凡

一个人只有保持谦虚低调的作风，才能在社会上更好地生存，也才能取得更大的成就。相反，如果嚣张跋扈，就很容易引起众人的反感。

相比于傲慢自大的人，谦虚低调的人更能成就一番事业。他们戒掉骄奢之风，以低姿态得到他人的认可和喜爱，从而更容易成功。

在人生这条漫漫长路上，一定要保持低调，才能越走越稳，越走越顺。我们要对他人保持足够的善意，但也要有一颗防人之心，如此才能圆融处世，一生顺遂。谦虚谨慎的人，才是真正的有福之人。反之，如果一个人高调不自谦，过度的自大和傲慢往往会让他陷入危险的境地。

三国时期，许攸曾是袁绍的得力谋士，深得袁绍的器重。

然而，随着时间的推移，许攸发现曹操才是更值得投靠的明主。于是，他果断地离开了袁绍，转投曹操的阵营。

在官渡之战中，许攸的智谋帮曹操取得了胜利。之后，在平定冀州的战争中，他也立下了赫赫战功，赢得了曹操的尊重和信任。

然而，许攸逐渐变得傲慢自大，目中无人。他不仅不尊重曹操，还经常在公共场合羞辱曹操及其将领。这种傲慢无礼的行为最终引起了曹操的不满和愤怒。

最终，许攸因为自己的高调行为招来了杀身之祸，他被曹操的部将许褚所杀。这个故事告诉我们，过度的自大和傲慢往往会让人陷入危险的境地，甚至失去生命。因此，我们应该保持谦虚谨慎的态度，尊重他人，才能赢得他人的尊重和信任。

学会真谦虚，避免假谦虚

你应该全然忘记自己，不去展露自己的锋芒，保持谦虚，让他人去展现优越感。当你过于看重自己，贬低他人，则会被贴上骄傲自大的标签。反之，一个劲儿地说自己的不足，则会被认为是假谦虚。

满足他人的虚荣心，给自己的前程铺路

真正会为人处世的人，常常会在显眼之处留下弊端，这样你即便再优秀，也不会遭到他人的嫉妒，反而会收获良好的人际关系。适当放低自己的位置，就相当于抬高他人，减少他人对你的敌意。例如，给上司留下指导你

的空间，你才能在职场上走得更顺。

真正的强者都是低调之人，他们默默努力，直至成功。即便成功以后，他们也会像之前一样努力奋斗，找到新契机，开始新征程，收获新成功。他们不会显露自己的锋芒，一直平和做事，淡定从容，积蓄能量，进而成就一番事业。

在风云变幻的三国时期，刘备以其深邃的智谋和韧性，逐渐在乱世中崭露头角，成就自己的霸业。

吕布，这位威名远扬的武将，在刘备疏忽之时，一举拿下了徐州，还将刘备的家眷扣为人质。面对这突如其来的变故，刘备的反应出乎所有人意料。他没有选择与吕布硬碰硬，而是选择暂时退让，成为吕布的附庸，镇守小沛。

这一退让，虽然让刘备在世人眼中饱受争议，但也为他赢得了宝贵的缓冲时间。在小沛，他秘密地招兵买马，低调地积蓄力量，不断壮大自己的势力。最终，他凭借着这积蓄已久的力量，成功夺回了徐州的主权。

这不仅展现了刘备深藏不露的智慧和决心，更让他赢得了世人的尊敬。这个故事告诉我们，在逆境中，有时候暂时的退让和低调地积蓄力量，比高调的反抗更容易获得最终的胜利。刘备正是凭借这种能屈能伸和低调的智慧，才能在乱世之中成就一番霸业。

能屈能伸才是大丈夫

在残酷的现实面前，有时候我们不得不低头。不要逞一时之勇，也不要做无谓的牺牲。只有懂得忍耐的人，才不失为具有大智慧的人，才能真正成长为一代俊杰。为了一时的面子去争强好胜，最终受伤的只有自己。只有能屈能伸的人，才是真正的大丈夫。

藏锋于鞘：韬光养晦静待时机

“韬光养晦”是指不对外显露自己的才华，在军事作战中用得比较多。在日常生活中，成就大事的人也会韬光养晦，将实力隐藏起来，等到时机成熟时一举出击。

“木秀于林，风必摧之。”这句话告诉我们要谨慎行动，不要显摆自己，以免成为众矢之的。即便你才华再出众，也不要过分张扬。

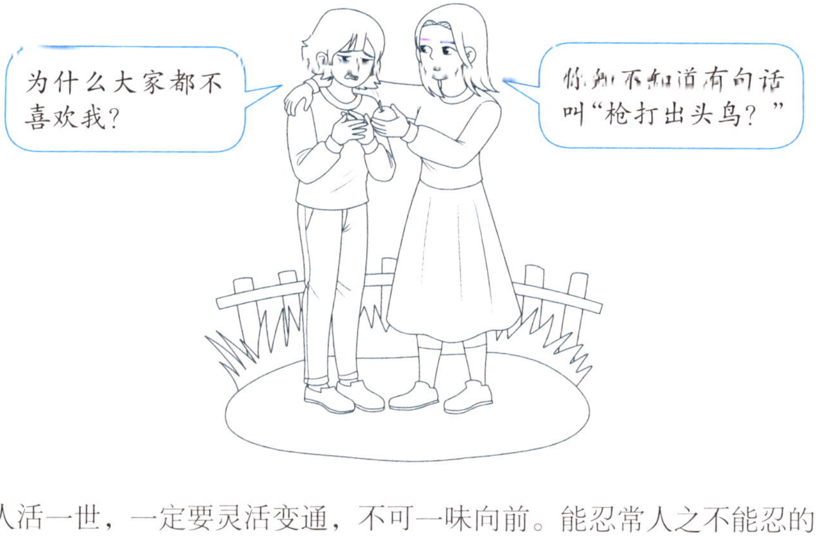

人活一世，一定要灵活变通，不可一味向前。能忍常人之不能忍的人，才能成就一番大事业。

韬光养晦是我们为人处世的底色，具有深远的意义。当我们遇到劲敌不能立刻予以回击时，可以先收敛锋芒，待到时机成熟时再奋力一搏。凡是能成大事者，都是韬光养晦的高人。

在唐朝的历史长河中，唐宣宗李忱的传奇故事尤其引人注目。

玄武门之变的历史阴影让李忱的侄子们对他心生忌惮。为了保全性命，李忱不得不选择韬光养晦，隐藏自己的真实意图。他装疯卖傻，逆来顺受，无论遭受怎样的羞辱，都保持一副无忧无虑的样子。

岁月荏苒，李忱历经敬宗、文宗、武宗三位侄儿皇帝的统治时期。他耐心地等待时机，终于在适当的时候一举登上皇位。当上皇帝后，李忱终于卸下了往日的伪装，展现出勤政爱民的一面。他致力于整顿朝政，使国家政治清明。

此外，李忱还致力于收复失地，维护国家的领土完整，为唐朝的繁荣稳定奠定了坚实的基础。在他的治理下，唐朝迎来了大中之治，国家繁荣昌盛，人民安居乐业。

这个故事告诉我们，在复杂的政治环境中，智慧和耐心是取得成功的关键。李忱通过韬光养晦、等待时机，最终实现了自己的抱负。

何时应该韬光养晦

在应对各种不利情况时，“韬光养晦”是一种重要的变通之策，其主要目的是蓄势待发、伺机而动。当你面临以下三类情况时，更应该韬光养晦：第一是敌强我弱的情况下；第二是有利时机未到的时候；第三是你还没准备好的时候。

学会隐忍，方能一鸣惊人

韬光养晦其实就是隐忍的代名词，它并不意味着消极处世，而是秉承“留得青山在，不怕没柴烧”的做人原则，以图东山再起。学会韬光养晦，就能在形势不利于自己或者时机未到时保存实力，隐忍蛰伏，等到时机到来再一飞冲天。因此，韬光养晦既是一种人生态度，也是一种竞争策略。

伟人和庸人的区别就在于：在遇到人生低谷时，庸人意志消沉、破罐子破摔；而伟人则会韬光养晦，积蓄力量。在他们看来，低谷正是他们上升的最佳时机，将低谷当作人生的一个起点，在不久的将来，他们又会登上人生的另一座高峰。才华卓绝的人，如果不懂得隐藏自己的锋芒，就很容易遭到他人的嫉妒，甚至给自己带来灾祸。所以，含而不露，看准时机马上行动，才能让你在这个社会上谋得一席之地。

风华正茂的司马懿，在十四岁那年与周生一同踏入洛阳，拜在名师胡昭的门下。

那时的司马懿年轻气盛，喜欢展示自己的学识和见识。然而，周生心中的嫉妒之火熊熊燃烧，他不惜花费重金雇用刺客，企图暗杀司马懿。

幸运的是，胡昭及时劝阻了这场暗杀行动，司马懿才得以逃过一劫。这次经历让他深刻领悟到了“才华出众者易遭嫉妒”的道理，也让他明白了隐藏实力的重要性。

于是，年轻的司马懿开始学会收敛自己的锋芒，以谦卑低调的姿态示人。虽然曹操多次征召他入府，但他都婉言拒绝，选择了远离权力的旋涡。即使他后来加入曹操的幕府，也始终保持着中庸之道，从不张扬自己的才能。他巧妙地装病示弱，成功避开了曹操的猜忌，逐渐赢得了信任。他凭借着自己的智慧和谋略，从一名文学掾逐步晋升为太子中庶子，最终成为曹魏集团的核心谋士之一。

藏而不露才是聪明人

一个谦虚的人，更能赢得他人的好感。当你才华卓绝，又懂得收敛锋芒时，你就更能得到他人的尊重。反之，则可能遭到他人的非议，甚至给自己带来祸患。聪明人都懂得藏而不露，等到时机成熟时再采取行动。

拒绝古董思维：豁达开启新篇章

人生漫漫，挫折和失利都是在所难免的，这时我们就要学会正确面对苦难，乐观向上，换一个角度正视生活，可能你会有不一样的收获。

一提到老古董，人们就会嗤之以鼻，觉得他们思维固化，不懂变通。其实这样的人本性不坏，只是他们难以成为受大家欢迎的人。

一个洒脱、心胸开阔的人，会充分理解和尊重与自己想法不同的人，不会将自己的想法强加在对方身上。

明朝时期，山东济阳有个叫董笃行的官员在京城任职。有一天，他收到了一封来自家乡的信，信中说家人在建新房时，因为地基和邻居闹起了矛盾。家人希望他能出面解决此事。

董笃行看完信后，给家人回信写道："为了这么点儿小事，居然要千里迢迢写信给我，真是让人哭笑不得。其实，我们和邻居之间没有必要为了这点儿小事争执不休。如果我们都能以仁爱之心对待对方，主动让出一点儿地方，又有什么关系呢？”

家人收到回信后，觉得董笃行说得很有道理，于是在建房时主动让出了一些地方。邻居们看到董家的举动，受到了启发。最后，两家共同让出了一块空地，形成了一条宽敞的小巷。

后来，这条小巷被人们称为“仁义胡同”，成为当地的一个美谈。这个故事告诉我们，在面对矛盾和纷争时，我们应该学会宽容和豁达。只有这样，才能化解矛盾，让彼此之间的关系更加和谐融洽。

豁达的人更平和

拥有好的人际关系的人，大都懂得什么时候该进，什么时候该退，什么时候该高调，什么时候要低调。因此，做人要能屈能伸，这样才能在生活中做到游刃有余。

一个豁达的人的人际关系必定是和谐的，而一个豁达的群体通常拥有和谐的气氛。这里所说的“豁达”并不是毫无原则地在他人面前退让，也不是接纳或原谅已经对自己构成的伤害。

退而不败：以退为进的人生哲学

退，并不是失败的代名词。有时，退是为了更好地进，是一种策略，是为了积蓄更多的力量，积攒更多的资本，取得更大的成功。

在很多情况下，即便你有理，但如果你非要压对方一头，不懂得后退一步，只会激化矛盾，有理也变得没理，最后得不偿失。而退一步，很可能就是另一番天地。

俗话说得好："识时务者为俊杰。"大丈夫要懂得审时度势，该伸时就要伸，该屈时就要屈。

少年时期的韩信，曾一度身处困顿之中。一次，韩信在市集上受到了一个地痞的挑衅，要求韩信从他的胯下爬过，否则就会对韩信不客气。

面对这样的挑衅，韩信心中五味杂陈，但他并未因此而愤怒失控。在经过短暂的思考后，他选择了忍辱负重，默默地屈从于地痞的要求。他从容地从他的胯下爬过，然后轻轻地拂去身上的尘土，毫无怨言地离开了现场。这一幕引来了周围人群的哄笑和嘲讽，他们普遍认为韩信是个毫无骨气的少年，日后必定难成大器。

然而，韩信并未因此放弃自己。他将那些嘲笑和讥讽转化为自己前进的动力。于是，他埋头苦读兵法，勤练武艺，终于在军事领域取得了卓越的成就。后来，他凭借出色的军事才能，被封为大将军，威震四方。这个故事向我们传达了一个深刻的道理：面对困境和侮辱，我们要忍辱负重，能屈能伸，以坚忍不拔的精神走向成功。

坚守平常心

在名利面前，大部分人都不能把持自己，你争我抢，到最后一场空，甚至落得一身骂名。如果人们愿意怀着平常心看待名利，那么世间就会少了很多纷争，这才是真正的豁达。适时退让，并不会让人觉得你怯懦，也不会让人觉得你消极。相反，适时退让会让你对自己有更深刻的认识，更能彰显出你豁达的品性，未来，你才能走得更远。

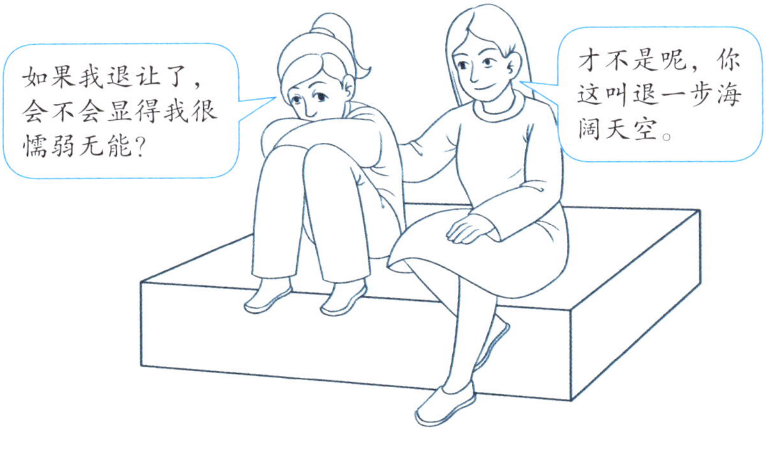

退是策略上的进

退是为了将来更好地进，是为了保存实力，以待时机成熟奋力一击。

退的高明之处就在于，会根据情况适时调整自己的步伐，在合适的时候选择退让，有效规避风险，将胜利果实牢牢握在自己手中，并持续壮大自己的实力，让未来的自己发展得更好。

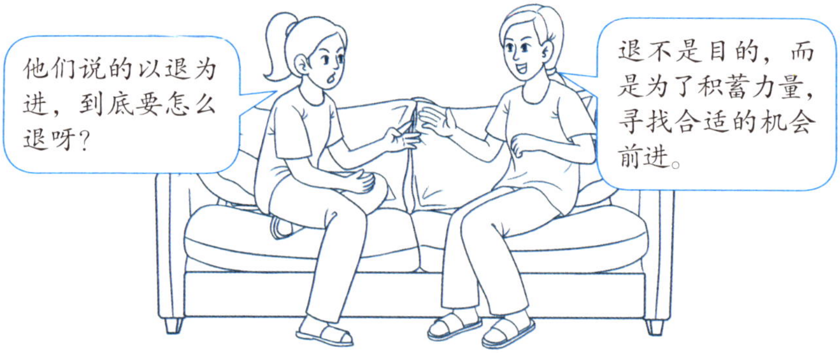

做人如果一味地要面子，只会让自己本末倒置，失了里子，得不偿失。很多人为了面子，即便错了也不承认，最后只会破坏原本良好的人际关系。

东汉末年，各地军阀纷纷割据，孙策作为孙权的兄长，在江东地区崭露头角，成为一位不可小觑的大军阀。

然而，孙策也有一个让人诟病的弱点，那就是过于看重自己的面子。有一次，孙策计划会见一位在当地很有声望的人。在会面前，一个居心叵测的小人故意对孙策说："孙将军，我听说那位名士对您并不怎么尊敬，甚至觉得您只是个武夫。"这个人的恶意挑拨让孙策心生不满。

到了会面的时候，名士果然对孙策的问题一概不答，这更加激怒了孙策。他认为名士是在故意挑衅他的权威，于是下令将其拘禁。然而，第二天清晨醒来后，孙策发现外面跪满了为名士求情的人。

为了面子，孙策下令将所有求情的人全部处死。这个决定让孙策的名声受到了极大的损伤。而孙策的故事也告诉我们，我们应该学会放下虚荣，舍下面子，用理智和冷静的态度面对生活中的挑战和困难。

退一步方能越走越宽

做人要像钓鱼一样，不能急于求成，而要像喂鱼人那样，先投喂足够多的饵料，让鱼儿放松警惕，这样才能钓到鱼。稳住心态，保持冷静，当需要后退时就大胆后退，当需要牺牲时不能有丝毫犹豫，如此才能牢牢抓住机会，一举获胜。

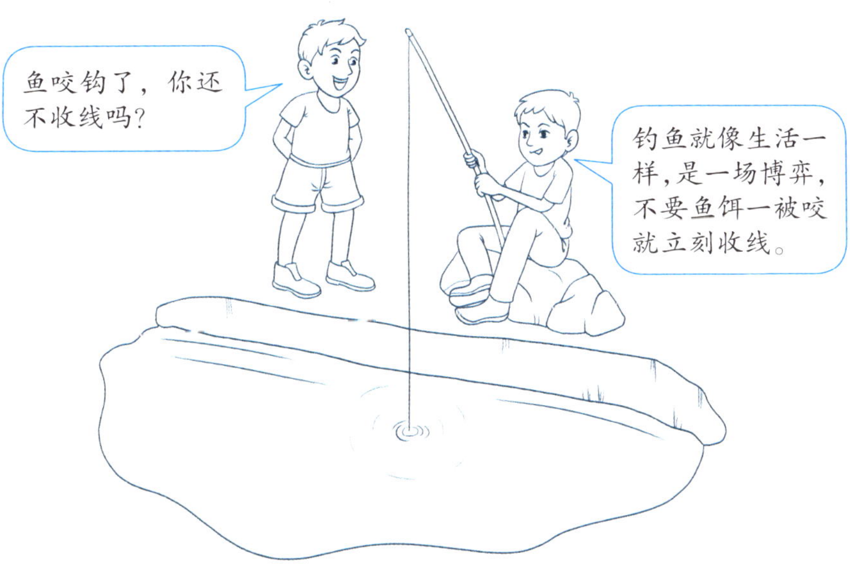

忍耐是金：隐形的力量有无限的可能

中国人向来信奉忍一时风平浪静，忍体现的是中国人的素养，是未雨绸缪的一种表现。一个能成大事的人，通常都是能忍的人，他们不会因为一时冲动而毁了自己的整个人生。

一个人如果能忍，则说明他意志坚定，更说明他擅长为人处世。因为在和别人交往的过程中，不可能事事都如你所愿，这时你就要学会忍耐。

人生在世，要忍受的东西何其之多，小到日常闲话，大到抱负理想。忍一时，才能美好一世。

张良是汉初的杰出人物，与韩信、萧何并称为“汉初三杰”。

一次，张良在桥上散步，偶遇一位老者。这位老者看似平凡，却对张良进行了奇特的考验。他故意将鞋子扔到桥下，让张良去捡。张良虽然感到困惑，但还是照做了。然而，事情并没有就此结束。老者接着要求张良为他穿上鞋子，这一要求让张良感到更加为难。但是，张良仍然选择了忍耐和顺从。

老者对张良的反应似乎很满意，他微笑着离开了。然而，他并没有忘记对张良进行进一步的考验。在接下来的几天里，他多次要求张良在特定的时间和地点与他见面。张良每次都准时到达，但老者总是先一步到达。虽然这让张良感到非常疑惑，但是张良还是照做了。

最终，张良的努力得到了回报。老者送给他一本名为《太公兵法》的书籍，并预言他将成为一位杰出的谋士。这本书对张良的影响十分深远。这个故事告诉我们，一时的忍让或会给我们带来意外的收获。

忍让才能成大事

一时的忍让并不会让你显得懦弱，反倒会彰显出你的大度。屈辱并不全是坏事，用好了也能变成好事。放平心态，化屈辱为动力，激励自己前行，你才能更靠近成功。纵观古今，能在事业上有所成就的人，大多是能忍之人。当自身力量不足时，他们会做出退让之举，彰显出强大的韧性。他们在忍耐中积蓄力量、等待时机，待时机成熟时就一鸣惊人。

不回嘴是最大的胜利

当你遭遇恶意时，虽然可以不向对方发起攻击，但也要注意保护自己。一个具有强大忍耐力的人，往往会让攻击他的人自动败下阵来。见你一言不发，对方觉得无趣，进而转移目标。

当你身处逆境时，必须学会忍耐。如果任由自己的情绪泛滥，可能会落得一地鸡毛。只有忍耐，才不会让你的事业受到影响。不能忍的人，人生通常都不太如意，所以，该忍时一定要忍，为自己的人生积累更多的运势，收获更美好的人生。

康熙作为清世祖的第三个儿子，他在年仅8岁时便坐上了皇位，然而大权实际上落入了权臣鳌拜的手中。鳌拜的专制与傲慢，让年幼的康熙倍感压抑，但他深知必须忍耐，静待时机。

为了掩盖自己的真实意图，康熙故意装作对朝政不感兴趣，整日玩乐，甚至学习摔跤，以此来蒙蔽鳌拜的耳目。然而，在玩乐的背后，他秘密地培养自己的亲兵，勤学武艺，为将来的反击做充分的准备。

当鳌拜因病不能上朝时，康熙趁机登门慰问，表面上是表示诚意，稳住这位权臣，实际上却是为了探查虚实，了解鳌拜的真实情况。经过多年的精心准备，康熙终于感到时机成熟。他施计将鳌拜及其党羽诱入宫中，然后一举将他们全部擒获，那一年他才16岁。这个故事展示了康熙的聪明才智、坚定决心以及出色的忍耐力。他以超强的忍耐力巧妙地铲除了朝廷中的奸臣，为清朝的稳定和繁荣奠定了坚实的基础。

忍是强者必备的品质

忍，从表面上看是吃了亏，从长远来看却会有更大的收获。舍弃一些小利，才能在将来收获大利。忍一时之气，方可保百日顺遂。忍眼前之事，不在小事上斤斤计较，才能拥有远大的志向，成就一番大事业，也就离自己的梦想越来越近。

第二篇

言之成金，巧妙言辞成就非凡人生

在如今这个社会，一个人的生活是否幸福，事业是否成功，在很大程度上都取决于口才好坏。一个人拥有了好口才，他就拥有了在这个世间行走的一大法宝。不管与谁交流，他都可以凭借好口才赢得别人的好感，实现自己的目标。交友也好，做事也好，好口才都会让你如鱼得水。

慎言为贵：话语先行，言多必失

在生活中，人们常常因为一时说话不得当而感到遗憾，所以，话说出口之前一定要经过思考，确定不会给他人造成伤害。

很多人性子比较急，说话办事都一副雷厉风行的样子，完全不经过大脑思考，这样的人有什么就说什么，可是难免会因为考虑不周而酿成大错。

不管是说话还是做事，事前都要好好考虑一番，不要图一时的口舌之快而不注意用词，让自己陷入被动。

在古代，英勇的楚将项羽在攻下咸阳之后，面临着重要的选择。有人向他建议："我们应该在关中地区建立政权，如此方能成就一番伟业。"然而，项羽对此持不同意见。

他目光如炬，反驳道："若富贵不能回乡，那岂不是如同身着锦衣在夜间行走，又有谁能欣赏到我的荣耀呢？"这番话一出，四座皆惊，但那位建议者并没有退缩。他勇气十足地回应道："人们常说楚人如猴子戴上帽子，外表虽华丽，但内心野蛮，今日一见，果然如此。”此言一出，气氛瞬间变得紧张起来。项羽的脸色铁青，他无法忍受这样的侮辱。怒火中烧的项羽决定给这位出言不逊的人一个教训。他下令将此人投入热水中，以示惩戒。

这个故事告诉我们，言辞的力量是巨大的，一句话可能会引发冲突和危险。因此，我们在与人交流时一定要谨慎言辞，只有这样，我们才能与人保持和谐的人际关系，避免冲突和麻烦。

利用好语言这个工具

在生活中，有些人总是人未到声先到，这样的人性子比较直爽，可也极易在人际交往中遭受挫折。在与人打交道时，要知道什么可以说，什么不能说，心里要有数。否则什么时候得罪了人都不知道，最后吃亏的是你自己。语言这一工具利用好了，可以给你锦上添花。可是这并不是一件容易的事，要想把话说好，确实要下一番功夫。它不同于写文章，文章写得不好，可以反复修改，可是话一旦说出去，想要修改就难了。

说话前要三思

在与人交往时，我们不要想到什么就说什么，说话前要先在脑子里过一遍要说的内容，将自己的思路捋清楚了再说。说话时要慢一点儿，说清楚你想要表达的内容，既避免引起他人的误会，又有助于我们说出有内涵、有思想的话。

为人处世的高手，都是谨言慎行的人。他们说话一般不会说太满，并且深知月满则亏的道理。他们逢人只说三分话，当然这三分话绝不是信口开河，而是有理有据的。和他们打交道，你会感到非常舒服，因为他们既会给人非常真诚的感觉，又会给人留下说话的余地。反之，那些不懂得谨言慎行的人不仅会招致他人的厌恶，甚至还会因此葬送自己的事业和生命。

贺若敦是北周一位功勋卓著的将领，曾立下赫赫战功，后来，他因自负其功而心怀不满。在湘州之战后，他率领全军凯旋，却未得到任何赏赐，反而被朝廷除名，这增添了他的愤怒。

正当他满腔怒火之际，朝廷的使者不期而至。贺若敦无法抑制内心的愤懑，对使者口出怨言，将心中的不满倾泻而出。这些怨言很快就传到了晋公宇文护的耳中，他闻之大怒，立刻下令召贺若敦回朝。贺若敦知道自己难逃一劫，于是，在无尽的绝望中自杀，结束了自己年仅四十九岁的生命。

在临死之前，贺若敦将自己的遗志托付给了自己的儿子，他深知自己因失言而招致杀身之祸，因此他郑重地告诫贺若弼要谨言慎行。为了让贺若弼铭记这一教训，他甚至用锥子刺破了贺若弼的舌头，让鲜血流出，以此作为警示。他殷切地希望贺若弼能够继承自己的遗志，平定江南，完成自己未竟的事业。

说话要“忌口”

在与人打交道时，会说话的人通常更受欢迎。这里的会说话不仅是话题不断，说个不停，还是会说合适的话，说得恰到好处。尤其注意不要打听他人的隐私，比如询问女士的年龄等。

言尽意未尽：言语中的分寸之美

如果你是一个喜欢八卦、喜欢吹牛的人，奉劝你一定要加倍小心，以免因为说话惹祸上身。在与人沟通时，一定要注意说话的方式和方法，不能信口开河。

不管是说话还是做事，都要看清场合，分清对象，否则很容易给他人留下不好的印象。对于他人不愿意提起的话题，要巧妙地避开。

会说话的人，一定不是那个整天滔滔不绝的人，而是那个点到为止、一语中的的人。

在历史的长河中，魏征被誉为直言敢谏的典范，这也为他赢得了善终的结局。

贞观十年（636年），李世民带着魏征登上了一座新建的高楼，指着远方问："魏征，你看到了吗？"然而，魏征似乎并未注意，没有回应。李世民再次提醒：“你再仔细看看，那里是昭陵。”昭陵，是李世民的妻子长孙皇后的安息之地。魏征这才回过神来，轻松地回应：“哦，您是说昭陵啊，我早就看到了，还以为是献陵呢。”献陵，正是李世民的父亲李渊长眠之地。魏征的话虽然轻描淡写，却蕴含深意。他似乎在暗示李世民，对于已故的父亲，他似乎并不怎么怀念；而对于已故的妻子，他却常常登上高楼，眺望远方。事后，李世民下令拆除了那座高楼。

会说话不仅是一种技巧，更是一种修养。这样的人无论走到哪里，都会受到人们的欢迎。因为他们懂得如何把握说话的分寸，而这正是他们为人处世的智慧所在。

话少而精是美德

如果你功力尚浅，就要少说话，需要你说的时候再说。尽量让说出去的话能引起他人的共鸣。在不需要你说话时，就要多思考，以期说出来的话更具有真知灼见。

高手的说话之道

俗话说：“观棋不语真君子。”这句话告诉我们看破不说破，才是真正的高人。在生活中也是如此，假如你凡事都要说个明白，别人未必会感激你。会说话的人都知道不要当面指出别人的缺点，如果一定要指出，则要使用非常委婉的语气。

话说得越多，反而错得越多，这是亘古不变的真理。真正会说话的人是不会口若悬河的，他们会有意无意地保持沉默，确保自己说出的每句话都是经过缜密思考的，不会给自己带来灾祸。而话多的人会给人留下不够聪明、不够谨慎的印象，甚至让自己身处危险而不自知。

明朝开国皇帝朱元璋出身贫寒，历经艰辛，最终成就帝业。有一天，他的两位儿时的伙伴，一位曾经的穷朋友和一位一起放牛的朋友，分别进京求见。

第一位穷朋友进入大殿，以含蓄而动听的方式回忆了与朱元璋共度的艰难岁月，让朱元璋回想起当年有福同享、有难同当的情景，心情激动之下，重重封赏了这位老朋友。

然而，第二位放牛的朋友以直白的方式，在金殿上详细描述了他与朱元璋年幼时一起放牛、煮豆子吃的情景，甚至还提到了朱元璋曾经的尴尬事。这让朱元璋在文武百官面前颜面扫地，愤怒之下将这位放牛的朋友斩首。

这个故事告诉我们，说话的艺术和技巧至关重要。同样的事实，用不同的方式表达出来，可能会产生截然不同的结果。因此，我们在日常生活中应该学会如何说话，如何把握言辞的分寸和尺度，以达到更好的沟通效果。

学会引导他人说话

即便是再好的话题，也不能说个没完，否则只会让人产生疲惫感。在与人交流时，要给他人说话的机会，适时引导他人说话，那样才能提高大家说话的兴致，拉近朋友之间的距离。一个话题如果一直没有引起他人的共鸣，可以适时转换话题。

适当沉默：言语之外有无限可能

人们常说：“我们用两年的时间学会说话，却要用一辈子时间去学习闭嘴。”由此可见，适当地保持沉默才是人际交往的黄金法则。有时候沉默才是最有力量的。

纵观古今，能成大事者，大多是说话办事非常小心的人，他们知道话一旦说出口就很难收回了，所以他们一般都会秉承沉默是金的法则。

当你说了不够严谨的话，说了一些不该说的话，可能就会让自己身陷困境，后悔都来不及了。

曾国藩年少的时候非常喜欢说话，经常口无遮拦，令同事和家族成员深感不满，为此他吃了不少苦头。有一年，曾家大摆宴席，庆祝曾父的寿辰，众多亲朋好友受邀而来。然而，在宴会的热闹氛围中，曾国藩因得意忘形，发表了一些不合时宜的言论。在一阵喧闹之后，宾客们纷纷离场，寿宴因此草草收场。

曾父见状，愤怒不已，他严厉地批评曾国藩言多生事，破坏了原本喜庆祥和的气氛。没过多久，曾父便愤然离去，返回了老家。此事过后，曾国藩开始深刻反思自己的行为，并写下“寡言养性”以自勉。他逐渐明白，与人交往时，少说多听、保持谦虚谨慎的态度才是最重要的。随着时间的推移，曾国藩不断修炼自己，秉承“沉默是金，慎言为福”的原则，逐渐成为一位杰出的人物。他的一生告诉我们，真正厉害的人并非总是滔滔不绝，而是那些懂得谨言慎行的人。

沉默是最好的武器

适当地保持沉默，给他人造成一定的心理压力，这时你就已经赢了。当有人挑衅你时，你的沉默会让对方自知理亏，不战而逃。当然，人与人之间不可能一直保持沉默，而是要在合适的时候说合适的话。如果你想在言语上震慑对方，那么你就要少说话，说得越多，越容易暴露你的缺点，显示你的无知。少言的人更能给人有涵养、有气势的样子。话说得越少，越会给人一种神秘感，越难让人抓住你的把柄。

做人不要太耿直

生性耿直的人心里想什么，嘴里就会说什么，这样的人没有什么城府，可是也会因为说话太直而招致他人的厌烦。哪怕你对对方再不满，也不要当面让对方下不来台。对于你实在看不惯的事情，不妨沉默以对，一旦说出口，可能就会给你带来灾祸。

在与人交往时，适当的沉默比滔滔不绝更受人欢迎，也更能产生出其不意的效果。如果双方意见不统一，适当的沉默既可以避免争吵，表现自己的豁达，也有利于双方稳定情绪、解决问题。在一些不重要的小事上保持沉默，才是明智之举。

在汉武帝的时代，公孙弘是一个出身贫寒但勤奋努力的大臣。尽管后来他成为位高权重的丞相，但他依然保持着简朴的生活习惯，这在当时被很多人称赞。然而，都尉汲黯认为公孙弘是故意装出来的。汲黯向汉武帝直言不讳地表达了自己的看法。公孙弘听到这些批评后，并没有急着为自己做任何辩解。

又有一次，公孙弘和其他大臣一起商议国事，在汇报的关键时刻，公孙弘突然改变了自己的想法。汲黯指责公孙弘虚伪狡诈，但公孙弘依然保持沉默。后来，汉武帝向公孙弘了解情况。公孙弘平静地回答说："了解我的人知道我是忠诚的，不了解我的人可能会认为我不忠。但无论如何，我都会坚持自己的原则。"汉武帝听了公孙弘的回答后，对他的品质和智慧更加赞赏。这个故事告诉我们，在面对争议和批评时，有时沉默比说话更有力量。通过保持冷静和理智，我们可以避免不必要的纷争，赢得他人的尊重和信任。

多说话不如少说话

话不在多，有理就好。多说话会给人不够踏实的感觉，让人难以对你委以重任；而懂得适时保持沉默的人，则会让人高看一眼，觉得你值得信赖。所以，多说话不如少说话。一个想到什么就说什么的人，人们往往害怕与他深交。

言不尽意：含蓄之语绽放智慧之花

如果一个人把话说得太满，相当于截断了自己的退路；说话留有余地，才能让自己有路可退。一个自信且谦卑之人往往只说七分话。

话说太满，事做太绝，一旦局面发生变化，你的处境就会很尴尬。所以，做事留有余地，说话留有余地，才能让自己进退自如。

真正擅长言辞的人，明白在适当的时候保持沉默的重要性，给予对话者期待和遐想。或许你对祢衡这个名字感到陌生，但提到“三国第一狂人”，或许你就能恍然大悟。他自小便拥有超凡的记忆力，智慧过人，被誉为“神童”。成年后，他的才华与日俱增，文章写得风生水起，口才更是让人叹为观止。但他的性格十分孤傲，经常轻视他人，因此得罪了不少人。

他总是感叹自己的才华没有被认可。有人建议：“为何不投奔陈群、司马朗？”他却以轻蔑的口吻回答：“我岂能与那些庸才为伍！”又有人好奇地问他："荀彧、赵融如何？"他嗤之以鼻："荀彧可以借他的脸去吊丧，赵融只配给我端茶倒水。"这样的傲慢态度，使得无人敢用他。尽管后期曹操有意重用他，但他的狂妄言论最终让曹操将他送给了刘表。随后，他又被送给黄祖，最终落得被杀的下场。他为自己的口出狂言付出了生命的代价。

说话要掌握尺度

老话说得好："有理也要让三分。"为人处世，要掌握好尺度，少说话，说好话，这样才会让你更具有个人魅力。会说话的人不仅会清晰地表达出自己的想法和用意，还会使用令人舒适的语言。真正明智的人，都懂得给自己留余地。坦诚是好事，可是过于坦诚则有可能给自己带来祸患。为了在这个社会上更好地生存，我们要学会给他人留余地，这也是给自己留条退路。

直爽并不等于口无遮拦

说话直并不意味着想说什么就说什么，那些因为说话直而让他人下不来台的人，往往是说话的方式不对。有的人讲话不顾忌场合，当众揭人短，势必会得罪他人，久而久之，人们就不愿意和他打交道了。

无论是做人还是做事，都应该保持一定的分寸。即使在极度愤怒的情况下，也不应该口不择言，更不能把话说得过于绝对。这样做不仅对对方有益，同时也能为自己留下回旋的余地。因为一旦事情发生变故或者出现意外情况，留有余地的话语可以为双方提供更多的选择和解决方案。否则，过于冲动和绝对的话语可能会带来无法挽回的后果，甚至引发不必要的冲突和矛盾。

《资治通鉴》中记载了一则北宋时期的故事，那时的朝廷中，寇准身居宰相高位，而丁谓则是他的副手。一天，两人共进午餐，寇准在享受美食时，不慎将汤汁溅到了胡子上。丁谓见状，立刻起身，细心地为寇准擦拭。然而，寇准对丁谓的这一举动并不领情，反而讥讽道："丁大人，您身为一国重臣，难道就是专门为我擦胡子而生的吗？"丁谓被寇准的话弄得面红耳赤，心中十分不满。自此以后，他开始对寇准心生怨恨，并寻找机会进行报复。

为了报复寇准，丁谓不仅处处与他作对，还联合他的反对派在皇帝面前诋毁他。时间一长，皇帝对寇准的印象也越来越不好，最终下令将他流放。寇准在流放途中历经艰辛，最终不幸离世。这个故事告诉我们，说话、做事不能过于尖酸刻薄，要给他人留有余地。如果总是咄咄逼人、不留余地，不仅会伤害到别人，也会给自己带来麻烦。

说话留余地，日后好见面

一个说话高手知道什么时候该说话，什么时候该保持沉默，经他口说出来的话，必定是经过深思熟虑的，鲜有破绽，并留有余地。而不会说话的人，通常会将话说得太满，断了自己的后路。

良药苦口利于病：批评有力也需技巧

当下属犯错时，领导为了保证工作的顺利进行，提出批评是理所应当的。可是正确的批评应该针对这件事本身，而不要上升到人品的高度。

没有哪个人是完美的，在与人打交道时，不能紧盯着对方的缺点，要多看对方的闪光点。只有平和待人、宽容待人，才能走出一条康庄大道。

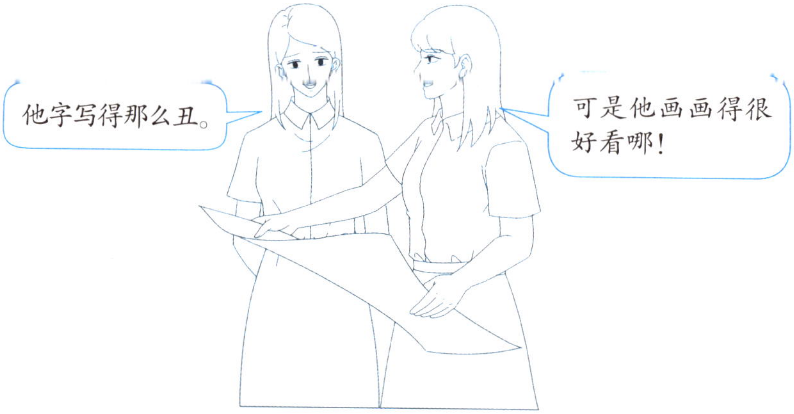

批评并不是“挑刺儿”，它是一门高深的艺术。要想让批评收到奇效，就必须注意方式和方法。

关于“四块糖果”的故事，大家都听说过吧。一日，陶行知先生看到一个男孩儿用泥块攻击同学，他立即上前制止，并让男孩儿到校长办公室找他。当陶行知回到办公室时，发现那个男孩儿已经在那里等着了。陶行知从口袋里掏出一块糖果，递给了男孩儿，并说：“这是奖给你的，因为你比我先到这里，表现出了守时的好习惯。”接着，他又掏出一块糖果，递给男孩儿说：“这是第二块糖，我制止你攻击他人时，你立刻停止了，这显示出你对我的尊重和听话。”然后，陶行知再次掏出一块糖果，对男孩儿说：“我了解到，你用泥块攻击那些不守游戏规则的男生，是因为他们欺负女生。这说明你有正义感，有勇气与不公正的行为作斗争。因此，这是第三块奖励给你的糖果。”这时，男孩儿哭着承认自己错了。陶行知又从口袋里掏出最后一块糖果，递给男孩儿说：“这是为你敢于认错奖励你的。”这个故事教会了我们如何以更加温和、有效的方式去批评和引导他人。

积极的批评

在批评他人时，千万不要一副高高在上的样子，要不然会让被批评者自尊心受损，于事情的解决毫无益处。批评要本着平等的原则，态度可以威严，可是语言不能中伤他人。批评是为了解决问题，而不是发泄情绪。积极的批评并不是直接指出对方的不足和缺点，而是采用旁敲侧击的方法，让对方收到善意的提醒，让他消除恐慌，意识到问题并加以改正。相比有声的批评，无声的批评更有效果。

批评要讲究艺术

批评不像表扬，很容易激起人的逆反心理。如果批评者态度再恶劣一点儿，矛盾就很容易产生。因此批评时要讲究方式方法，不但能让别人虚心接受，也能够拉近彼此之间的距离。真诚的批评态度可以缓和关系，让批评见效。而只图一时嘴快的批评，则极易让被批评者受伤。

当建议失效时就变成了批评，这就告诉我们批评时要从侧面入手，保护被批评者的自尊，让他更容易接受。要想让批评切实起效，首先要占理，其次要有一颗真诚的心，最后被批评的对象要大度。

传说，在汉朝盛世的时候，汉武帝总是渴望能够永生。有一次，他和近臣们闲聊："我听说，人中越长，寿命就越长。如果人中长一寸，就能活到百岁。你们觉得这是真的吗？"东方朔在旁边听着，心里觉得皇帝的这个想法实在有些荒谬，但他没有直接说出来。汉武帝注意到了东方朔的表情，他有点儿不高兴地问："东方朔，你是不是觉得我在说胡话？"东方朔恭敬地回答："陛下，我怎么敢嘲笑您呢？我只是觉得，如果彭祖真的活了八百岁，那他的人中得有多长啊，那画面想想就让人觉得好笑。"汉武帝听了，先是一愣，然后哈哈大笑起来。他明白了东方朔是在用彭祖的例子来提醒他，不要过分追求长生不老。而东方朔也巧妙地达到了自己的目的，让汉武帝在笑声中接受了他的意见。这个故事告诉我们，有时候，用幽默的方式来表达自己的看法，不仅可以避免直接冲突，还能让对方更容易接受。

批评的同时也要表扬

批评时不能只批评，也要附带表扬。批评旨在让对方意识到自己的错误，走回正轨，而不是将对方贬得一无是处。当你批评一个人懒时，你可以说他很聪明，再勤奋一点儿就更好了，这样更容易让人接受。

赞美的温度：心灵共鸣成就自我

没有人不爱听奉承话，人性天生就爱虚荣。会说恭维话的人，走到哪里都更受欢迎。不管是谁受到夸赞，他都会从内心感到巨大的满足，当然也乐于听取对方的建议。

当你恭维对方时，要使用敬称。而当提到和自身相关的事物时，则要使用谦称。敬称虽然不等同于恭维，却会愉悦对方的心灵，其作用相当于恭维。

虽然人人都爱听赞美的话，可是并不是每个人都掌握了赞美的方法。赞美不仅要注意尺度，还要张弛有度。

在古代诗人中，贺知章堪称寿命最长的，他享年86岁。他不仅在仕途上一帆风顺，担任官职近半个世纪，而且在皇帝面前始终保持着宠臣的地位。唐玄宗，那位开创了“开元盛世”的英明君主，每当有重要决策都会虚心向贺知章请教。那么，贺知章究竟有何魅力，能让人如此敬重呢？有一个重要的原因，那就是他会夸人。而且，他夸人不是简单地说几句好话，而是每次都能夸到人家的心里去。

有一次，贺知章去山里游玩，遇到了一个中年男子。这男子气宇轩昂，腰佩宝剑，目光如炬，一看就不是普通人。

果然，当这名男子拿出自己写的诗请贺知章品鉴时，贺知章只看了几眼，就忍不住连连点头。那首诗的开篇就抓住了他的心："噫（yī）吁嚱（xī）！危乎高哉！蜀道之难，难于上青天！"这气势磅礴、用词独特的诗句，让贺知章惊叹不已。他读完整首诗后，注意到左下角有三个字的落款："李太白。"贺知章激动地拍着李白的肩膀，赞不绝口："你真是天上下凡的仙人哪！走，我们一起去喝酒庆祝！"就这样，两人相谈甚欢，结为知己。而贺知章的那番夸赞，也让李白的"谪仙人"之名传得更远更广。不得不说，贺知章真是很会夸人。他不仅夸得真诚，夸得恰到好处，还能让人听得心花怒放。这样的夸赞，不仅是对别人的肯定和鼓励，更是一种艺术，一种修养。

批评和赞美如影随形

希望得到别人的赞美是人们普遍的想法，恰如其分的赞美所发挥出的效果更是让人称奇。不管是亲人之间，还是同事之间，赞美是必不可少的润滑

剂，它会带给人力量，给予人自信。

当我们与人交谈时，即便前面提到了对方的不足，只要后面加上赞美的话，对方也不会再与你计较。当你要批评对方时，可以借助第三方进行，这样不但可以让批评更容易奏效，还让对方有台阶下。

恭维要有的放矢

恭维也是讲究技巧的。首先要学会洞察人心，知道对方需要什么，再有针对性地夸奖。对于青年企业家，可以恭维地说他敢闯敢拼。其次，恭维他人要恰如其分，不可过分夸张，否则别人会认为你有故意奉承之嫌，进而对你产生不信任之感。

赞美是一种珍贵的情感表达，它不仅仅是简单的表面说好话，更需要技巧与真诚的结合。技巧让赞美更具魅力，能够恰到好处地触动人心，而真诚则是赞美的灵魂，使其充满温暖与力量。当我们真诚地赞美他人时，我们传递的不仅是对他们的欣赏与认可，更是对他们存在价值的肯定，这样的赞美能够促进彼此之间的感情。

袁枚，清代著名的文学家，不仅有诗文传世，而且擅长人际交往。他深知如何恰到好处地赞美他人，让人心生欢喜。在即将履新之际，袁枚特意去拜访了恩师尹文瑞，以表达敬意。尹文瑞，这位德高望重的老者，对袁枚一直寄予厚望。他关切地问道："你即将上任新职，可有什么准备？"袁枚微笑着回答："老师，我此行只带了一百顶'雅致之帽'，其他都已备妥。"尹文瑞听后，眉头微皱，心中想：此子难道不知我性格直率，最不喜虚荣？然而，袁枚却解释道："老师，如今世风日下，人们皆喜欢戴高帽以显身份。真正如您这般高风亮节、不慕虚荣的人，却是凤毛麟角。"尹文瑞听后，频频点头，脸色也由阴转晴。

这个故事告诉我们，赞美他人不仅是一种艺术，更是一种智慧。只有掌握了赞美的技巧和真诚的态度，才能让人感受到被尊重和被认可，从而拉近彼此之间的距离。

当面夸人不如背后说人好话

没有人不喜欢听好话，得到他人赞美的人通常会身心愉悦，并和说话者关系更密切。相比正面夸人，背后说人好话所产生的效果更好。对方会认为你是在真心夸他，并对你充满感激之情。比如你在上司不在场时对他歌功颂德，他知道以后一定会对你另眼相看。

拒绝的艺术：“不”也可以优雅地说

想拒绝又开不了口，话说一半，意思表达不完全，聪明人一眼就可以洞穿你，徒增尴尬。你自己内心也饱受煎熬，难以得到他人的理解。

很多老好人不想丢了面子，从来不敢大胆说不，最后往往让自己既丢了面子又丢了里子。做人诚实没错，但也要注意尺度。

拒绝别人，这看似简单的举动，实则蕴含了深厚的人生智慧。这是每个人成长的必经之路，是每个人都必须学习的重要课题。在人际交往的复杂网络中，我们难免会遇到需要拒绝的时刻。拒绝的艺术并非一蹴而就，它需要我们不断地学习和实践。只有敢于拒绝，我们才能更好地保护自己，活出真正的自我。

明英宗朱祁镇是个志向远大的皇帝，但常因贪心不足而好高骛远。从小他就习惯于依赖身边的太监王振，无论大小事务都向他请教。

然而，王振的野心逐渐膨胀，他渴望掌握兵权，名垂青史。为了实现这一目标，他故意挑起了瓦剌与大明朝的战争。他不断游说朱祁镇，怂恿他亲自带领全国的精锐部队出征攻打瓦剌。尽管朱祁镇有些犹豫，但在王振的巧言令色下，最终还是未能拒绝这个诱人的建议。

结果，这场战争以明朝的惨败告终。由于王振的瞎指挥，数十万大军尚未与敌军交战便全军覆没。明朝数十年积累的精锐武器全部落入瓦剌之手，皇帝朱祁镇也被俘虏。随行的众多朝廷命官英勇牺牲，给大明朝带来了巨大的损失。由此可见，如果我们不懂拒绝，总是迎合他人，那么最终只会失去自我。因此，学会拒绝，不仅是对他人的尊重，更是对自己的爱护。

适当拒绝他人是没错的

只有会说不的人，才能集中注意力完成重要的事情。可是，说不并不容易，在我们的认知中，甚至认为拒绝别人是不礼貌的。这也经常导致我们身陷困境，要想把自己从泥潭中拔出来，就要学会在适当的时候说不。

委婉说服藏智慧：春风化雨润物无声

对于一些难以说出口的话，我们可以先对它进行包装。比如用幽默或委婉的方式来表达，就会收到截然不同的效果。

说话直来直去的人尽管本心不坏，可是他们的说话方式难以被人们接受，从而让他们的事业受阻。

当我们与他人交流时，委婉的表达方式能够更好地维护和谐的人际关系。委婉的说话方式不仅能够减少冲突和误解，还能够增进彼此之间的理解和信任。

春秋末年，晋阳之战后，智氏家族黯然失色，其领地被韩、赵、魏三家瓜分，声势一度盖过了晋国国君。这一事件被后人称为“三家分晋”。三家瓜分之时，魏文侯的领地相对较少，且四周强敌环绕。为了稳固自己的地位，魏文侯决定设宴款待群臣。在宴会上，他向群臣问道：“你们认为我是一个怎样的君主？”众人纷纷附和，称赞他是仁德之君。然而，任座反驳道：“国君，您将中山国的领土封给了自己的儿子，这怎么能算是仁德之君呢？”魏文侯听后勃然大怒。就在此时，翟璜站了出来，从另一个角度为魏文侯辩护。他说：“国君之所以这样做，是为了确保国家的稳定。他将领土封给自己的儿子，是为了让国家更加强大。这正是国君的仁德之处。”魏文侯听后非常高兴。翟璜的这番话巧妙地化解了当时尴尬的气氛。这段历史告诉我们，善于说服他人不仅是一种能力，更是一种智慧。

讲道理，更要讲感情

人都是有感情的，当你在说服他人时，就不能只讲道理，不讲感情。比如你向对方推销某种产品时，可以先和人聊聊其他的，再慢慢切入主题，让对方在不自觉中和你达成共识。

打动对方是说服对方的前提

只有触动对方的心灵，让他从内心深处认可你的想法，你才能真正说服他。要想做到这一点，你就要对对方的想法有充分的了解，之后打出情感牌，用情理相结合的办法说服对方。如果你给出的理由让对方无法拒绝，你也就成功地说服了对方。

要想让对方从内心深处相信你所说的话，就必须在合适的时间谈起合适的话题。很多人都不擅长把握时机，结果孤注一掷，落得个两败俱伤的下场。说服他人时，一定要选准时机，瞄准对象，才更有可能说服成功。反之，还不如闭嘴得好。

秦穆公的大军压境，郑国危在旦夕，在这紧要关头，烛之武挺身而出，以一人之力成功说服秦穆公，退了秦军。

烛之武明白，说服的关键在于理解对方的需求和顾虑。他强调郑国作为秦国的邻国，是秦国东扩的重要跳板，失去郑国意味着让出战略要地，这对秦国来说无疑是一个巨大的损失。

同时，烛之武也巧妙地运用历史典故，让秦穆公回想起秦国曾经对晋国的恩惠以及晋国后来的背叛。

最终，烛之武以晋国的野心和扩张行为为突破口，让秦穆公深刻认识到晋国的威胁。他强调，如果晋国继续强大下去，最终会威胁到秦国的安全。这样的分析让秦穆公深感震撼，也让他明白了与郑国结盟的重要性。

在烛之武的巧妙劝说下，秦穆公最终放弃了灭亡郑国的计划，选择与郑国结盟。这一决定不仅挽救了郑国的危局，也让秦国避免了一场战争。

说服力的魅力

说服既是一门学问，更是一门艺术。一个说服力强的人，通常可以获得更多的机会，实现人生更多的可能，离自己的梦想也更进一步。说服力的魅力在于，你可以得到衷心的支持者，并赢得他人的喜爱，助力你事业成功的同时，也收获更多的美好。

第三篇

名利之外别有洞天，探寻内心的宁静与平衡

“出淤泥而不染”，人们常用这句话来形容在污浊的环境中淡泊名利的人。重名利会使人因过度追求物质生活而失去纯洁的本心，而且永不知足。渐渐地，他的精神世界变得越来越匮乏，而不在乎名利的人，其内心和思想都十分富足，无须外物来包装自己，对任何事都能泰然处之。

人生的智慧之道：务实之路步步为营

袁了凡在《了凡四训》中写道："从前种种，譬如昨日死，从后种种，譬如今日生。"既然无法改变过去，也不能预测未来，就努力做好现在。

人生如白驹过隙，转瞬即逝，并且人生不能重来，因此我们万万不可虚度光阴，不可沉溺于过去的苦痛，而是要把握好当下，努力奔向未来。

一个人若想获得成功，除了要有脚踏实地的精神以外，还需全心全力去投入和辛勤的付出。

在宋英宗时期，司马光被选中主编一部名为《资治通鉴》的史书。他用了整整19年的时间，全身心投入这项工作中。他工作态度严谨，对每个章节都进行反复修改和完善，直到满意为止。修改过的书稿堆积如山，占满了两间屋子。等到这部著作最终定稿时，总计294卷，字数高达300多万，时间跨度更是惊人，从战国一直到五代，涵盖了整整1362年的历史。司马光这种勤奋刻苦、认真踏实的治学精神，受到了人们的广泛赞誉和高度肯定。

有一次，司马光向邵雍询问："邵先生，您认为我是个怎样的人呢？"邵雍笑着回答："你是个非常务实、脚踏实地的人。"这句话后来演变成了成语"脚踏实地"。这个故事告诉我们，只有脚踏实地、认真努力的人，才能取得真正的成功。因为成功的道路没有捷径可走，只有坚持不懈地付出努力，才能收获甜美的果实。

不做面子工程

昨日不可追，明日不可测，而现在把握在自己手中，人们只有认真努力做好当下应该做的事情，利用好每一分每一秒，才不会在明日懊悔今日的无所作为。

成功的秘诀之一是从来不做面子工程，而是具备务实的做事态度，无论大事还是小情，他们都认真地去完成，人们也都愿意和务实的人来往，喜欢与其共事，进行合作。

度过有意义的人生

很多人在生命的尽头回顾自己的一生时，常常会因自己虚度光阴和碌碌无为而悔恨，那么怎样才能度过一个有意义的人生呢？

首先要制定好人生的阶段性目标，其次是在努力完成目标的过程中，避免沉溺于过去及幻想不切实际的未来，最后，珍惜和享受当下。

一件事的成功，最关键的要素是人的态度和行动力，当一个人具备了认真做事的态度，他便已踏上了成功之路，若想获取最终的成功，还需勤奋和努力，持之以恒，并且做事要务实，避免吹嘘，避免投机取巧，避免过度追求名利。

曾国藩，晚清时期的杰出政治家、军事家、文学家。他出生于一个耕读世家，从小就有自己独特的哲学理念——拙诚。曾国藩深信，拙诚是做人的根本，也是做事的基石。他主张抛弃一切投机取巧的心态，以踏实、诚恳的态度去面对生活中的每一个挑战。在军事上，他讲究扎硬寨打呆战，步步为营，不追求表面的浮华，而是追求实际的战果。在日常生活中，他对待部下如同兄弟，真诚体恤，关怀备至。在选拔人才时，他更是亲力亲为，细心观察每个人的言行，确保所选之人能够真正胜任这项工作。

为了传承和弘扬拙诚理念，曾国藩还亲自编撰了《劝诫浅语十六》，在其中强调了实干和苦干的重要性，勉励官员们要勤勉务实。曾国藩的一生都在践行拙诚理念，用实际行动证明了这一哲学思想的力量和价值。他的一生充满了传奇色彩，成为后人研究和学习的典范。

有梦想也要务实

人要有梦想，因为梦想是驱动自己前进的动力，但千万要务实，不要给自己设置不切实际的梦想，因为不能落地的梦想不但无法实现，还会增加自己的负担，让自己一直处于无望之中，阻碍前行的脚步，结果只能是一事无成。

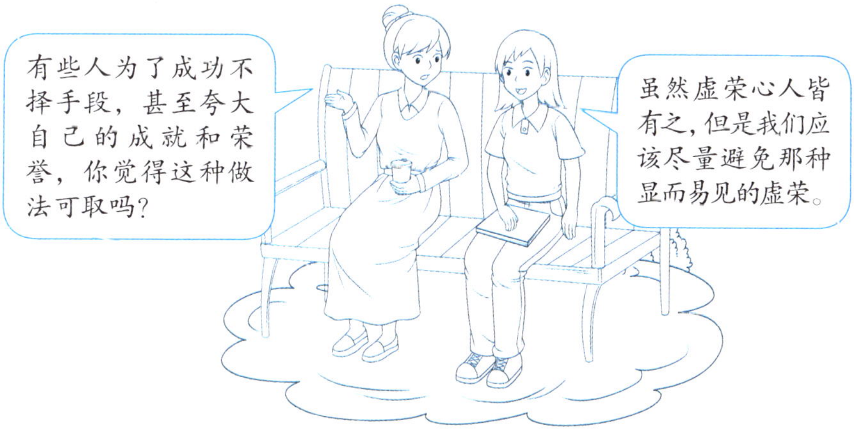

深谋远虑：聚焦未来成就辉煌人生

世界在发展，社会在进步，人们也要努力提升自己的思维，扩大自己的视野，多学、多思、多做，这样才能适应变化，并能获取成功。

若想获取事业上的成功，首先要从点滴做起，打好事业的根基；其次，要有深谋远虑，做好未来的规划，并脚踏实地一步一步地去达成目标。

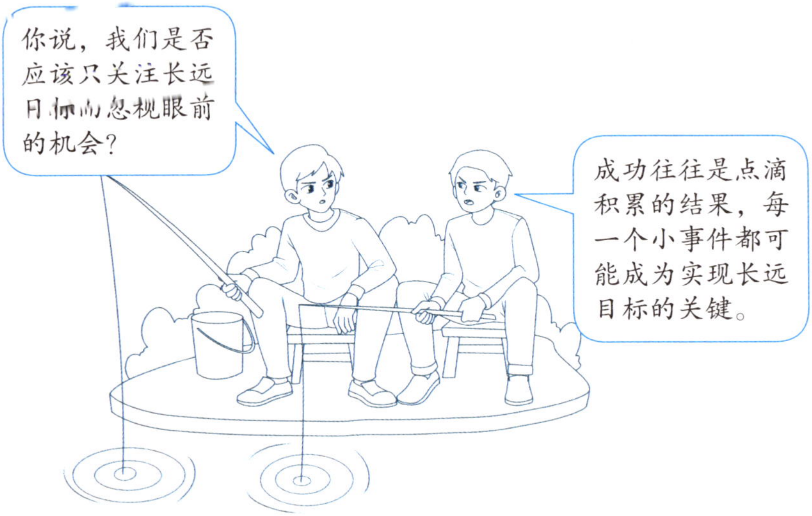

短视之人认知浅，做事容易失败，而有远见的人则有目标、有谋略，做事容易获得成功。

春秋战国时期，智伯作为晋国的六卿之一，想扩张势力，于是将矛头指向了弱小的卫国。他使出一招外交手段，向卫君赠送了四百匹野马和一块珍贵的玉璧，意在让卫国放松警惕。

然而，南文子在这喜庆的氛围中看到了危机。他忧心忡忡地对卫君说：“陛下，无缘无故地得到这样的厚礼，我们应该保持警惕。这不是简单的礼物，更像是一种试探和挑衅。智伯以大国之尊，却用如此丰厚的礼物来示好，其中必有蹊跷。”

卫君听了南文子的话，立刻命令边境的军队加强戒备，做好应对突发状况的准备。果然，没过多久，智伯就亲自率军偷袭卫国。然而，当他们来到卫国边境时，却发现卫军已经严阵以待。智伯无奈地发现，自己的计划早已被卫人识破。这个故事告诉我们，在面对突如其来的好处时，我们应该保持警惕，不要盲目乐观，要冷静观察，以便应对各种复杂的情况。

不局限于方寸之地

人生是在不断设置大目标，再将大目标拆解成小目标，然后去逐个实现的过程，聪慧的人通常都有精准又宽广的眼界，通过学习让自己有应对各种困难的能力，在做好当下的同时谋划好未来。古往今来的成功人士，都具备一个特点，即思维开阔，视野广大，他们从不局限在方寸之地，也不将自己禁锢在某种思想之内，而是容纳各家所长，充实自己，奔向更远的目标。

放下贪恋：追寻内心的纯净与满足

人总是对得不到的东西念念不忘，并且想方设法要得到，最终会让自己陷入无法挽回的境地，人生也常常就此止步不前。

人的一生不会事事都如意，总会遭遇各种困难。这种时候，我们要学会放弃，有时，不过度计较利益得失，反而会有意想不到的收获。

君子爱财，取之有道，从不取不义之财，一切以卑劣手段获取财富的人，都会被世人唾弃。

北宋末年是我国历史上贪腐问题最严重的时期之一。这一时期，出现了一批人专靠巴结上司步步高升。这些人在后世被统称为“六贼”，而在这六贼之中，王黼（fǔ）的贪腐行为尤为恶劣。

王黼虽学识有限，却才智过人，情商极高。他先后巴结蔡京和宋徽宗，从此平步青云。在蔡京失势后，王黼果断与蔡京决裂，转而投靠梁师成，受其影响，王黼走上了疯狂的贪腐之路。他不仅疯狂剥削百姓，还公然搜罗美女，甚至抢夺他人之妻。王黼曾借挑选贡品之名，将上贡宝物的十分之一占为己有。据史书记载，他利用“捡括天下丁夫”之机，贪污国家财产高达6200万缗（mín），折合白银约6200万两。这一数字令人震惊。

然而，宋钦宗上台后，先是将他贬官，随后又暗中派武士追杀他，最终将其诛杀。王黼的结局警示着我们，任何对权力和财富的贪婪追求，都将以身败名裂、遗臭万年为代价。

贪婪之人难以成功

失败之人常有无法满足的贪欲，贪婪使人迷失本性，因过度追求财富而走岔路；而成功之人则不贪不恋，他们正确掌控自己的欲望，从不受外界的影响，而是坚定地奔向目标。当人对欲望的控制失衡时，会慢慢丢失本心，使自己无法再继续前行，更有甚者，可能会做出不可逆转的错事；而只有把控住欲望，让欲望成为自己的驱动力，才会使自己变强，最终取得成功。

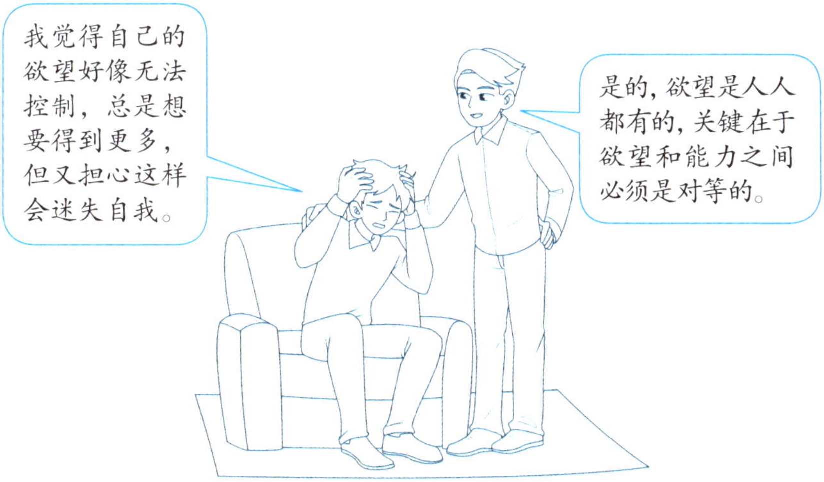

福祸相依：吃亏背后藏隐形福报

> 有句老话讲，吃亏是福。这其实是一种精神上的豁达，以及人们对自己的制约，不过度争权夺利，遇到难事退让一步，反而会取得意想不到的效果。

智者做事时讲究做人留一线，日后好相见。在与人相处时，他们常给对方让一些利益，自己吃点儿亏，而这也正是他们能够取得成功的关键。

有时候，吃亏并不是坏事，反而是一种难得的福气。当我们学会吃亏、乐于吃亏时，我们也许能够收获更多的幸福和成功。让我们珍惜每一个吃亏的机会，用智慧和勇气去迎接生活中的挑战和机遇吧！

东汉洛阳，有位太学博士名叫甄宇，他学识渊博，为人忠厚。某日，皇上将一群外邦进贡的羊赐给群臣，每只羊大小不一，肥瘦不均。这可让负责分配的大臣犯了难，如何才能做到公平公正呢？有人提议将羊统一处理，再按份分配；有人建议抓阄儿决定，听天由命。然而，甄宇却微笑着说：“其实，我们只需让每人挑选一只便是。”他率先挑选了一只瘦小的羊，其他大臣见状，纷纷效仿，不好意思再斤斤计较。很快，羊就被挑完了。甄宇的这一举动，很快在洛阳城传为佳话。人们都说，甄博士虽然挑选了瘦羊，却赢得了大家的尊重和皇上的赏识，这正是“吃亏是福”的最好诠释。

不久后，光武帝特意召见他，提拔他为太学博士院院长，成为众人敬仰的楷模。这个故事告诉我们，有时候，吃亏并不是坏事，而是一种智慧和福气。在生活中，我们应该学会谦让和包容，用宽广的胸怀去拥抱世界。

适当吃亏

非常注重得失的人，经常寸步不让，很难与别人达成长期的合作，因此错失很多机会；而愿意吃亏的人，会在合作中考虑对方的利益，并适当地做出让步。这样一来，对方更愿意与他合作。有些人喜欢占便宜，与人交往时总要比别人多得到些好处，但是谁都不是傻子，慢慢地，人们都不愿与他相处了；而聪慧之人则内心豁达，十分坦荡，不过度计较得失，人们愿意与他合作，共同取得成功。

贪小便宜吃大亏

俗话说，贪小便宜吃大亏。很多人会为了一点儿蝇头小利，损害别人的利益，导致贪婪不断腐蚀自己的品性，继而做出无法挽回的错事；而肯吃亏的人，则会宽容待人，也会让人信服，赞赏他的品质，愿意跟随他，甘心为他冲锋陷阵，他因而有所成就。

吃亏，有时并不是一种损失，反而可能是一种深邃的智慧和策略。当我们愿意放下个人的小利益，选择吃亏，往往能够收获更为宝贵的东西——那就是人与人之间的良好关系。在交往中，没有人是绝对的赢家或输家，真正的胜利者是那些懂得退让、愿意吃亏的人。因为有些人虽然表面上吃了亏，却赢得了他人的尊重、理解和信任，从而建立起稳固和谐的人际关系。这种关系不仅为他带来内心的安宁和满足，更是他生活中最宝贵的财富。

清朝康熙年间，安徽桐城的张英当上了大学士。邻居修建宅院时，想要侵占他家的宅边地，家人千里传信告诉张英，想让张英出面，吓退邻居。谁知张英看了家信，只回诗一首："千里修书只为墙，让他三尺又何妨。万里长城今犹在，不见当年秦始皇。"家人看了信，主动把院墙向后挪了三尺。邻居见了，大为感动，也把院墙后撤三尺，这样两家中间便形成了"六尺巷"。这一故事传颂至今，成为"吃亏是福"这一智慧理念的生动诠释。它告诉我们，在面对纷争和冲突时，学会退让和包容，往往能收获更多的和谐与幸福。

恰到好处地吃亏

聪明之人不会认为吃亏是坏事，相反，他会主动吃亏，而且吃亏吃得恰到好处，因为他会利用吃亏这件事让人们对他产生好感，继而愿意与他合作。因此，不要因吃了亏而感到难过，而是要分析为什么吃了亏，吃亏后怎么做才能获益。

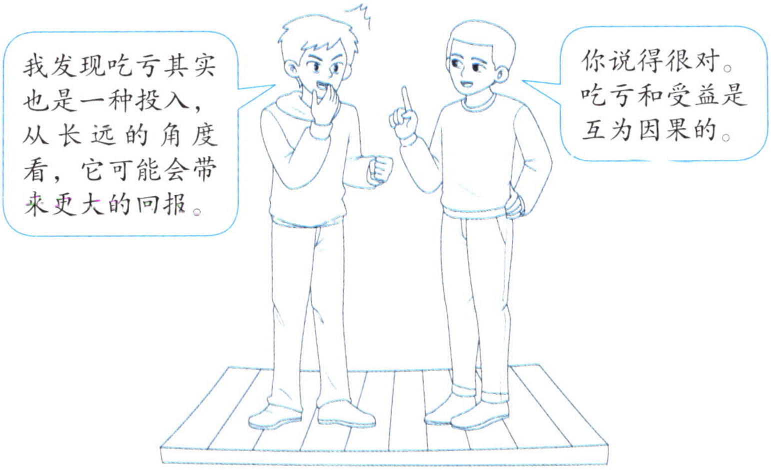

午餐无免费：眼前的好处或是无言的陷阱

俗话说，天上不会掉馅儿饼。人只有不断完善自己，提升自己，开阔自己的视野，并且认真做事，踏实肯干，才能获得成功。如果只等着免费的午餐，也许只会等来陷阱。

很多人痛苦的根源在于贪婪，贪婪使人不停地追求物质财富，即使已经得到了用不尽的财富，仍然觉得不够，由此误入歧途无法回头，也错过了身边很多美好的事物。

贪婪是非常可怕的，它会让你的欲望越来越旺盛，永不知足，同时会将你推入深渊，掉进别人给你设置的陷阱。

鲁国与齐国邻邦而居，虽表面上互敬互重，实则暗自较劲。齐国智囊管仲向齐桓公献策，提议让贵族身着鲁国特产——鲁缟。齐桓公采纳后，鲁缟迅速成为齐国上层社会的流行布料。

管仲再出高招儿，禁止齐国人生产鲁缟，全靠从鲁国进口。此举立刻引发鲁缟抢购潮，因此价格飙升。鲁国百姓见状，纷纷投身织造，期望借此致富。

一年后，在鲁国上下沉浸在致富梦中时，管仲突然宣布停止进口鲁缟。鲁国顿时陷入困境，大量鲁缟积压，农田因无人耕作而荒芜，粮食短缺问题严重。鲁庄公无奈，只得向齐国购买粮食，却遭管仲高价勒索，国库几乎耗尽。

从此以后，鲁国元气大伤，最终被迫与齐国签订屈辱的协议。这一事件深刻揭示了贪小便宜的代价：当人们被眼前利益所迷惑，盲目追求短期收益时，往往会忽视长远的利益。因此，我们应该时刻保持清醒的头脑，不被眼前利益所蒙蔽，要看到更长远的未来。

不要总想着占便宜

很多人都存着占便宜的心思，殊不知，骗子常常会利用人们这种占便宜的心理来布局，设下陷阱。很多人看到有免费的东西可用，便一股脑儿往上冲，完全不思考，一步步被骗得倾家荡产。很多人十分懒惰，什么都不想做，就妄想成功。但实际上，懒惰使人贫穷，而勤劳是致富的法宝，人们想要有所成就，必须端正心态，积极应对各种困难，然后通过不断地付出和坚坚持不懈的努力，让自己越来越强，从而达成目标。

得意不忘形：谦逊行走天下

"人生得意须尽欢，莫使金樽空对月。"李白的这句诗写出了人得意时的心态。但是要记住，得意不能忘形，不然容易迷失自己，从而忽略现实状况，做出让自己后悔的事情，因此，我们需时刻提醒自己戒骄戒躁。

人生在世，不仅有得意之时，也有失意之时，这都是常态。失意时需努力跳出困境，勇往直前，而得意时，则需要控制激动的心情，平和做事，低调做人，避免忘形。

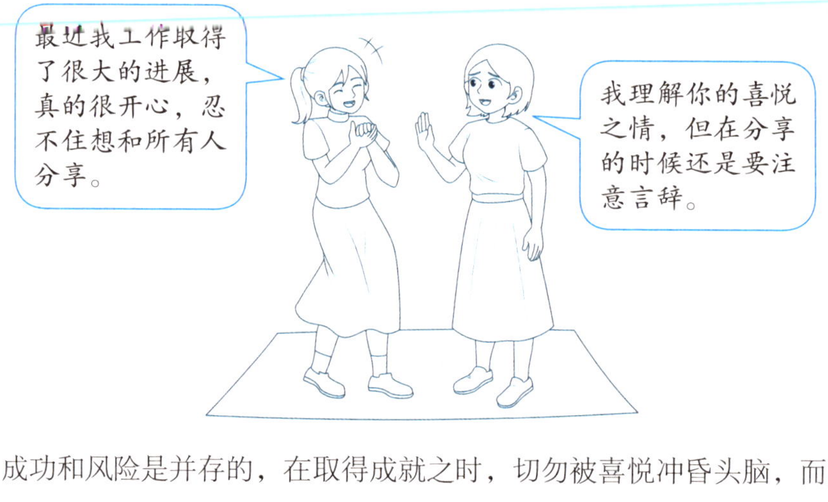

成功和风险是并存的，在取得成就之时，切勿被喜悦冲昏头脑，而要保持清醒和冷静。在失败时也不要气馁，收拾心情，继续努力。

在《世说新语》中，记载了一则关于曹操的传奇故事。作为魏王的曹操，对歌舞表演情有独钟，他的府邸养着一支技艺精湛的舞乐团队。其中，有一位歌女的嗓音尤为出色，她的歌声清脆悦耳，无人能及。然而，这位歌女有一个致命的缺点——脾气暴躁，她甚至曾让曹操在众人面前陷入尴尬的境地。

随着时间的推移，这位歌女的恶名逐渐传开，曹操对她的不满也日益加深。终于有一天，曹操决定采取行动。他挑选了众多嗓音出众的女子，并请专人进行精心的培训。当这些女子技艺成熟之时，曹操举办了一场盛大的选拔比赛。经过激烈的角逐，最终脱颖而出的女子歌声更加动听，曹操当即决定任用她为首席歌手。而那位曾经风光一时的歌女，则被曹操毫不留情地逐出府邸，并处以重罚。这个故事流传至今，不仅展现了曹操的果断与智慧，更警示人们得意之时不可忘形，否则终将自食恶果。

不要过分张狂

有些人常会将自己的成绩到处宣扬，以此来得到人们的赞美，殊不知这样非常惹人厌烦，尤其是那些失意之人会更加愤恨，还极可能在背后捣鬼，让你陷入困境。就像古人说的，“事以密成，语以泄败”。做事时低调一些更好。

不论遇到多开心的事，取得了多高的成就，都不可过分张狂，否则很容易树敌。另外，我们还需要多关注亲友们的处境，避免在他们失意之时，被自己想要分享喜悦的无心之言所伤。

大智若愚：智者的人生哲学

财不外露，否则容易招致灾祸，而人的聪明也是如此，智慧之人从不在人前彰显自己的聪明，因为他们明白这样会招人讨厌，甚至会被人嫉妒。而比较稳妥的办法，就是故意装傻。

聪明是一种智慧，运用得当才能获得成功，做事时，一定要将谋略和手段用在关键之处，如果不合时宜地耍心机，则会阻碍前进的脚步。

大智若愚并不是愚蠢，而是隐藏锋芒，只在关键时刻出手，平日里则显得人畜无害。这样既不惹人厌，又能有所作为。

在清朝末年的政治舞台上，左宗棠以其卓越的才能和精深的围棋技艺而著称。某次，他因公务前往新疆，途中偶遇一位自称“天下第一棋手”的老者。左宗棠心生不服，便与老者展开了一场围棋较量。经过一番激战，老者连输三局，左宗棠非常得意。他讥讽老者后离去。然而，数月后，当左宗棠再次经过此地时，他惊讶地发现那位老者的招牌依旧高悬。他心想：这老者莫非是个欺世盗名的骗子？于是，他决定再次与老者对弈，以揭开真相。

这一次，左宗棠全力以赴，却意外地连输五六局。他倍感困惑，询问老者原因。老者微笑着告诉他，上次是因为左宗棠肩负重任，他不想挫其锐气，而这次左宗棠已得胜归来，他自然要全力以赴。左宗棠听后恍然大悟，意识到自己之前的傲慢和短见，也明白了大智若愚的道理。真正的高手往往深藏不露，只在关键时刻展现出自己的实力。

不要招摇行事

古人常言，锋芒外露易成为众矢之的。若想成就一番事业，必须要谨小慎微，低调行事，默默地提升自己，壮大力量，待时机成熟时再出手，这既是规避风险，也是获取成功的必要手段。过度表现聪明会受人忌惮，尤其是在老板面前，如果看不清形势，为了凸显自己的能力过分张扬，则很容易为自己埋下祸根，所以，务必要时刻警醒自己，做人做事要低调，切勿太过招摇。

第四篇

在挫败中绽放，成功的另一种路径

成功与失败之间，往往只有一线之差。每个人都会在生活中遇到困难，这是在所难免的，重要的是，我们要以什么样的心态面对它。当我们学会转念，明白这些困难都是来让我们变得更强大的。那么，我们就不会害怕困难，而是勇敢地战胜它。

永不言弃：成功的唯一密码

很多人做事时没有毅力，只有三分钟热度，这也是导致他们年华逝去，却依然一事无成的罪魁祸首。没有人可以随随便便成功，唯有坚持不懈地努力下去，才有可能到达成功的彼岸。

一件事，你只有开始了并坚持下去，才可能有好的结果。而大部分人总是热情满满地开始，遇到一点儿挫折就打退堂鼓，最后虽然做了很多尝试，却一事无成。

坚持就是胜利，这是一个深入人心的真理。无论我们面临多大的困难，只要我们有坚定的信念，有持之以恒的决心，那么我们就一定能够战胜困难。坚持不是短暂的冲动，而是持久的毅力，是在困难面前不屈不挠的精神。每一次挫折，都是对我们的考验，也是我们向胜利迈进的一步。因此，无论何时何地，我们都应该铭记这个真理：坚持就是胜利。只有这样，我们才能在人生的道路上勇往直前，战胜每一个挑战，最终实现我们的梦想。

战国时期，有一个名叫苏秦的年轻人，他出身于寒微的农家。他每日辛勤耕耘，同时也不忘刻苦学习，梦想着有朝一日能出人头地。为了筹集学费，他不得不与张仪一同剪发卖钱，甚至在课余时间为人抄书以换取微薄的报酬。在抄书的过程中，他常常把一些知识记录在手掌和手臂上，晚上再一一誊写到竹简上。

苏秦学成之后，前往秦国献计，然而他的主张并未得到秦王的认可。身无分文的他，只能徒步数百里，忍饥挨饿地返回故乡。他的失败令家人对他嗤之以鼻。然而，苏秦并未因此气馁。他坚信，只要坚持，总有一天会实现自己的梦想。于是，他白天劳作，晚上坚持读书。每当困倦袭来，他就用锥子刺自己的大腿，用疼痛来驱赶睡意。这种坚韧不拔的精神，最终让他成为身佩六国相印的著名纵横家。苏秦的故事告诉我们，无论面临多大的困难和挫折，只要我们坚持不懈，终会迎来胜利的曙光。

多坚持五分钟

有一首歌的歌词是这样：“不经历风雨，怎么见彩虹，没有人能随随便便成功。”所以，当我们遇到困难时，不要轻言放弃，再坚持一下，可能就会柳暗花明。很多伟人之所以能成功，就在于他们多坚持了“五分钟”。失败者想要逆袭成功，其实也不难，重要的是你要放下杂念，坚持初心，马上

行动起来。当机会来临时就紧紧抓住机会，没有机会就努力创造机会，然后赶紧行动，你就会有意想不到的收获。

坚持是成功的前提

坚持不懈听上去很简单，想要做到却绝非易事。很多人之所以未能走向成功，就是因为他们忽略了坚持的价值。他们没来得及看到成功的身影，就匆匆放弃了自己追逐的脚步。他们不知道的是，只要他们再坚持一下，前方就会有无数的惊喜等着他们。

要想绝处逢生，就不要低估梦想的力量。当你遇到困难和挑战时，只要你还心怀梦想，就会对未来充满希望，你才能坚持下去。人的生命有限，可梦想是没有终点的。不管你的人生还剩下多长时间，你都可以重新开始。坚持梦想不动摇，你的人生才会熠熠生辉。

英国文豪查尔斯·狄更斯，一生坚持着对文学的热爱与执着。他深知，只有深入生活，贴近人群，才能创作出真实动人的作品。因此，无论阳光炽烈，还是风雨肆虐，他都毅然决然地走上街头，细心观察着每一个细节，倾听每一个声音。他从不放过任何一个行人的闲言碎语，用心记录着生活的点滴，积累着丰富的素材。这些看似微不足道的细节，却成为他创作的灵感源泉，为他的文学世界注入了无尽的活力。

在《大卫·科波菲尔》中，他巧妙地运用了这些生活资料，创作出了一幅幅鲜活的人物对话场景。而在《双城记》中，他又将这些细节融入对社会背景的描绘中，使得作品更加逼真生动。正是这种对文学的坚持和执着，让狄更斯成为英国文学史上的一位巨匠。他的故事告诉我们，只有坚持不懈地追求梦想，用心去感受生活，才能创造出属于自己的精彩世界。

不要低估恒心的作用

如果你问那些成功人士，他们成功的秘诀何在，对方一定会告诉你坚持，再坚持。找到正确的方向，数十年如一日地坚持下去，你必定离成功越来越近。很多人自认为天赋甚高，却低估了坚持的作用，殊不知最后取得成功的往往是那些有恒心的人。

大道至简：简单之中的非凡力量

不管做什么事情，都不要想着一气呵成，毕竟生活中总是充满各种各样的小意外。看准目标，脚踏实地，才能以最快的速度成功。如果只看重眼前，十有八九难成大事。

很多人都自视清高，不屑于做一些小事。殊不知，只有把小事做好了的人，才有可能成就一番大事业。如果总是心比天高，小事不屑干，大事干不了，很可能一辈子也一事无成。

很多事情之所以失败，都败在细节上。一时的失误也许会导致全盘皆输，甚至造成终身的悔恨。因此，在做事时每一个细节都不能忽略。

唐朝元和年间，吕元应担任东都留守时，身边养了很多爱下棋的门客，以陪伴他度过闲暇时光。某日，吕元应正和门客在棋盘上激战，忽有紧急文书送达，吕元应不得不暂时离开棋盘去处理公务。趁此机会，那位门客偷偷地移动了一枚棋子，最终赢得了这局棋。

然而，吕元应早已洞察了这一切，却选择了沉默。次日，他礼貌地请那位门客另谋高就。众人对此感到困惑，甚至连那位门客自己也不明白为何会被辞退。在离别之际，吕元应还慷慨地赠送了一些财物，以表达对他的尊重和祝福。

棋局虽小，却如人生，每个细节都可能决定成败。吕元应重视诚信，更看重对细节的尊重。他深知，成败往往在于细微之处，因此，他选择辞退隐士，以警示他人：细节决定成败，诚信更是立足之本。此故事启示我们，无论事大或小，都应注重细节，坚守诚信。

从身边小事做起

人生的成败往往是由无数个细节构成的，如果不注意细节，人生这座大厦就会轰然倒塌。大到航空航天事业，小到电子制造专业，每个细节都非常重要，稍有疏忽就可能一败涂地。

我们总以为成功的人都聪明过人，能力超群，其实不尽然。大部分成功的人和我们一样都是普通人，不同的是他们总是从身边的小事做起，把每一件小事都做到最好，最后才取得了惊人的成就。

细节的重要性

没有人不想轻轻松松就功成名就，可是我们都不是天赋异禀的人，唯有从小事做起，一步一个脚印，才能拥有做大事的机会，日后才能成就一番事业。假如我们对身边的小事都不屑一顾，只等着做大事，最终只能蹉跎时光。注重细节、关注小事，才能持续向前，无往不胜。

在追逐梦想的过程中，我们不能忽视任何一个细节。每一个微笑、每一次握手、每一分努力，都可能成为我们通往成功的关键因素。正是这些细节的累积，构成了我们人生道路上的坚实步伐，让我们在追求梦想的道路上更加坚定、自信。让我们做好每一个细节，不断前行，不断超越，最终赢得属于自己的辉煌。

在苏联的航天历史中，有一个决定性的瞬间，那就是谁将成为首位探索宇宙的宇航员。设计师科罗廖夫面临着一项艰巨的任务，那就是从众多优秀的航天员中挑选出最合适的人选。科罗廖夫陷入沉思，不知该如何抉择。然而，在关键时刻，一个不起眼儿的细节为他指明了方向。

当所有候选人走进飞船时，加加林是唯一一位脱下鞋子，穿着袜子踏入座舱的人。科罗廖夫被这个细节深深打动。他意识到，加加林身上所展现出的细致入微和对工作的尊重，正是他心中理想的宇航员所应具备的。于是，科罗廖夫做出决定，将人类首次征服太空的重任交给了加加林。这个故事告诉我们，伟大往往源于平凡。在追求梦想的道路上，每一个小细节都可能成为决定成败的关键因素。因此，我们要时刻关注细节，用心去感受每一个瞬间，这样才能在生活的舞台上留下深刻的印记，赢得属于自己的辉煌。

制订合理的目标是成功的第一步

在确立人生前行的方向时，很多人都会犯眼高手低的毛病，最后不但不能成功，还会打击自己的自信。因此，我们要学会量力而行，制订切实可行的目标，而不是一味地好高骛远。只有正确评估自己的力量，踏实前行，成功的可能性才会更大。

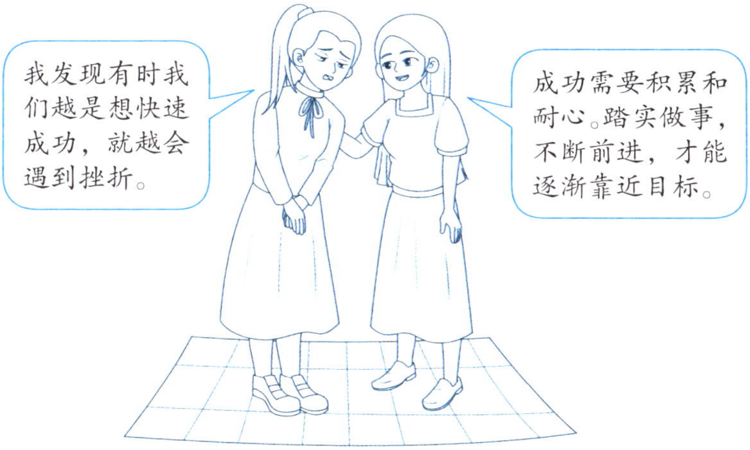

时不我待：把握机遇，创造辉煌

人们常说，机遇也是实力的一部分。在机遇到来之前，我们唯有坚持不懈地努力，才能让机遇青睐我们，所以，机遇永远属于那些有真才实学的人。

什么样的人最容易成功？答案是不好高骛远，而是那些脚踏实地，尽己所能，当机遇来临时能一把抓住的人。有冒险精神，却不冲动地冒险，才有成功的可能。

在事情还未开始之前，要学会眼观六路，在事情进行之时，则要学会把握机遇，抓住机会千万不要松手，只有这样做，我们最终才能成功。

莱斯·布朗，美国演讲界的璀璨之星，他的声音激励了无数人。尽管天生口齿不清，他却怀揣着成为电台音乐节目主持人的梦想。每当夜幕降临，他都会守在收音机旁，用心聆听，仿佛置身于电台。然而，他的梦想之路困难重重。面对电台台长的拒绝，莱斯并未退缩，他每天坚持前往电台，希望能得到一次展示自我的机会。终于，在一个周六的下午，机会来了。主持人洛克因醉酒无法上台，莱斯果断地抓住了这个千载难逢的机会，代替他走上了直播台。他的声音虽然有些颤抖，但充满了自信与热情。他用自己的才华和激情，成功地吸引了听众的注意，赢得了他们的喝彩。

莱斯从此开始了他的音乐节目主持人生涯。莱斯·布朗的故事告诉我们，每个人都有可能遇到改变命运的机会，抓住它，为了实现自己的梦想努力。

机遇需要你去发现

对于每个人来说，机会都是平等的，就看你能不能抓住。有的人坐等机会降临，还不一定能抓住。而有的人则制造机会，他们敢于冒险，做事有筹谋，所以他们更有可能成功。

机遇就在我们的生活中，就看我们能不能发现它。世间万物都处在不断变化的过程中，机遇也在随之变化，这就要求我们加快学习的脚步。不断挑战自我、突破阻碍，发现生活中的机遇。

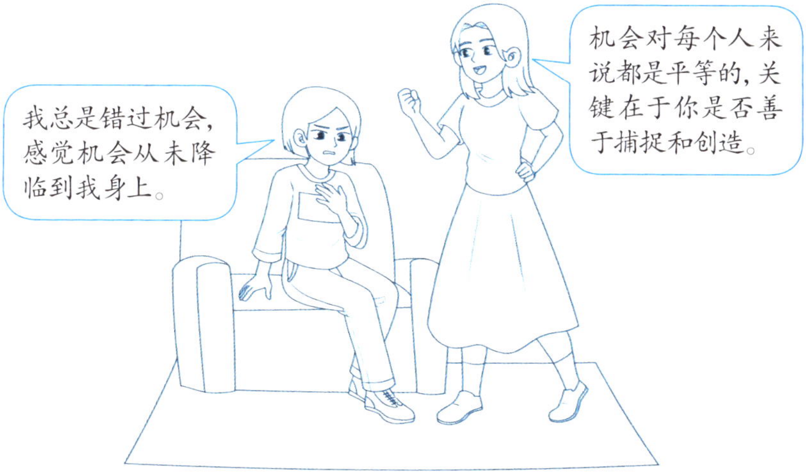

做一个善于抓住机会的人

有的人看到机会却抓不住，有的人抓住了机会，最后却依然没有取得成功。只有那些在机会到来时，毫不犹豫地出手，并积极付出行动的人，才能掌控人生的主动权。他们意志坚定，行动果敢，想不成功都难。

机会往往稍纵即逝，我们要有一双会发现机会的眼睛，及时抓住它。人与人之间本质的差别就在于此，有的人只会一味地等待机会的降临，有的人则会主动去创造机会。不管机会大小，只要看到就牢牢抓住，我们才会收获更多。

东汉末年汉桓帝当政时期，宦官与外戚两大势力水火不容。汉桓帝并非英明之主，宦官逐渐掌握了大权，朝廷内外一片混乱。在这个关键时刻，李膺等人勇敢地站了出来。他们不畏强权，不惧艰险，屡次上书皇帝，请求释放被宦官陷害的大臣。虽然一开始汉桓帝置若罔闻，但在舆论的压力下，他最终还是释放了这些大臣。李膺的才能得到了汉桓帝的认可，被任命为司隶校尉，负责维护朝廷的治安。上任后，李膺始终保持着敏锐的洞察力，时刻寻找打击宦官的机会。

终于，他得知了小黄门张让的弟弟张朔在地方上贪污。李膺果断采取行动，将张朔抓捕归案。李膺的敏锐和果断为他赢得了朝臣的尊敬和支持。他趁机扩大自己的影响力，积极争取更多的支持者。朝廷也逐渐恢复了秩序。李膺的故事告诉我们，只有善于抓住机会、果断出击，才能在复杂的政治斗争中立于不败之地。

主动创造机会

在这个风起云涌的时代，机遇可遇不可求。一个行止有度的人在遇到机会时，一定不能有丝毫的犹豫，看准了就立刻去做，这样才能越来越好。如果老是迟疑不决，不敢开始，往往很难取得成功。这样的人哪怕手握机会，也无法有所成就。

心无旁骛：目标引领方向，专注铸就辉煌

一个人只有先确立目标，才能沿着正确的轨道往前走。假如你愿意用心思考，并精心设计你的目标，那么你的工作将会被乐趣填满。

人人都有梦想，可是有明确人生目标的人屈指可数。人生漫漫，只有明确自己前进的方向，找准目标，才能在成功的道路上一往无前。

有了明确的目标，只要我们能专心致志，心无旁骛，便一定能够实现自己的梦想。

《庄子·达生》中有一个引人入胜的故事，讲述的是一个老人如何以专注和技巧在楚国的树林中捕蝉。孔子散步时偶然遇见这位老者。尽管他身体弯曲，但捕蝉的技巧异常高超，仿佛是在地上捡拾落叶般轻松自如。孔子对这位老人的技艺感到惊讶，于是询问他成功的秘诀。

老人微笑着分享了他的经验。他提到自己曾花费大量时间练习在细长的竹竿尖端放小球。从两个到五个，他逐渐增加数量，每次都能让球稳稳地不掉下来。这样的练习让他的捕蝉技艺越发熟练。

孔子听后深受启发。在广阔的世界中，他找到了自己的目标，坚持不懈地追求，最终实现了自己的愿望。这个故事告诉我们，有了明确的目标之后，只要我们能够像这位老人一样保持专注和坚持，就一定能够克服困难，实现自己的梦想。

浅尝辄止要不得

这是一个速成的时代，人人都想在最短的时间内做出一番成绩，而不想深入钻研，对很多问题都只是了解个皮毛，就误以为自己已经掌握了全部，只要问题稍有变化就不知所措了。

专注造就成功

我们要树立一个清晰的目标，心无旁骛地朝着这个目标前行。世间之事，最怕“专注”二字。一直专注于一件事，即便遇到再大的困难也不放弃。只有这样，才能将事情做到尽善尽美。在自己喜欢的事情上保持专注，

在自己热爱的领域里拼尽全力，你必定会有所成就。

一个没有目标的人是迷茫的，是难以取得非凡成就的。唯有制定崇高的目标，并付出不亚于任何人的努力，才能有所作为。当你制定了崇高的目标以后，你就会产生无穷的动力，不断向前。目标不可过小，以免困囿于眼前的一方天地而不思进取。

自古以来，成就非凡事业者，必先立志。商鞅便是其中的佼佼者。他自幼便怀抱宏伟之志，对未来有着明确的规划。在学习的道路上，他深受李悝、吴起等大师的影响，对刑名法术之学有着独到的见解。在辅佐秦孝公的过程中，他敏锐地发现了孝公对国家强盛的渴望。他明白，只有真正抓住孝公的心思，才能让自己的变法主张得到认可。

经过长时间的观察与沟通，商鞅逐渐摸清了孝公的兴趣爱好、价值观以及愿望。于是，商鞅果断调整自己的进言方向，向孝公提出了富国强兵的变法方案。这一方案，恰恰击中了孝公的心弦，使其为之动容。最终，在商鞅等人的精心策划与不懈努力下，秦国逐渐崛起，成为富强之国。这一过程充分证明了，做人要有明确的目标，并持之以恒为之努力，这样才能在人生的道路上取得成功。

目标助你走向成功

目标对于一个人来说，就相当于空气和水对于生命的意义一样，是不可或缺的。目标既是你努力的动力，也是前进的方向。目标既能让你过好今天，也能让你过好明天。

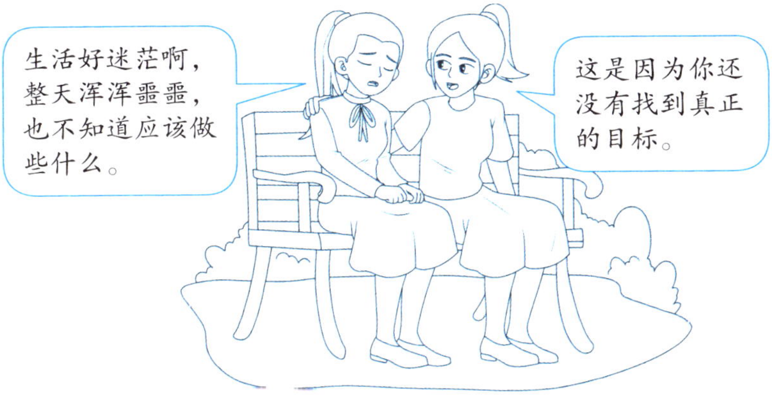

信念不灭：强大的内心驱动力

梦想照进现实，这是每个人都梦寐以求的，可是在此之前，你必须坚定你的信念，坚定不移地走在朝梦想前进的道路上，这样才能看到胜利的曙光。

信念就像一束光，会照亮我们前行的道路。信念就如同一座灯塔，在黑暗中给我们指明前行的方向。以信念为锚，我们才能超越自我，实现飞越。

强者从来不会屈服于命运，而会在命运的打压下昂起高贵的头颅，那是因为他们有着坚定的信念。

左思，西晋的文学青年，读了张衡的《两京赋》后，立下了一个雄心壮志：撰写《三都赋》。他的这个愿望在陆机听来，就像是一个笑话。陆机讥讽他，认为他这样的平凡人，怎么可能完成那样的巨著。但左思从未动摇。他知道，梦想的实现，需要坚定的信念和不懈的努力。为了寻找灵感，他不仅向游历过四川的张载求教，还亲自深入山川，了解风土人情，记录每一个细节。

十年，漫长的十年，左思沉浸在《三都赋》的创作中。他的努力没有白费，当《三都赋》完成时，陆机都被震惊了。他不再轻视，而是由衷地佩服。这个故事告诉我们，坚定的信念是实现梦想的关键。左思面对嘲讽不为所动，因为他相信自己可以做到。所以，只要我们有坚定的信念，并为之付出努力，就一定能够实现梦想。

做一个气场强大的人

信念会助你攀登成功之塔，帮你排除消极心理、抵御诱惑、产生信心。充分了解自己，明白自身的优势所在，树立强大的信念，你就会无往不胜。一个拥有强大气场的人，必定是积极、自信的人。而一个人如果气场很弱，必定对自己不自信，总是怀疑自己，不信任自己，将他人当作自己的庇护所。

谋略制胜：智谋如棋，布局千里

成功与失败往往只有一念之差，这一念很可能就是对于目标，你是否足够明晰。你知道你的近远期目标分别是什么吗？你知道如何实现它们吗？

弱者最大的问题就在于不会将自己的智慧派上用场，找不到开启成功大门的钥匙。而强者则擅长用自己的智慧去布局，规划成功的路径。

做事之前，一定要有周密的布局，设计好每一个环节，否则很可能一着不慎，满盘皆输。

公元228年深秋，蜀军因马谡的失误而节节败退，司马懿乘胜追击，直逼西城。西城是蜀汉的咽喉要地，一旦失守，后果不堪设想。

诸葛亮身处险境，却面不改色。他深知，要扭转乾坤，必须险中求胜。于是，他精心策划了“空城计”。诸葛亮下令城门大开，自己则端坐城楼，轻抚琴弦，泰然自若。城门外，二十名士兵换上百姓的衣裳，正在打扫街道。当司马懿率领魏军抵达西城时，眼前的景象让他大感意外。城门敞开，城内毫无戒备，诸葛亮更是弹琴自若。司马懿心中起疑，派出侦察兵打探虚实。然而，侦察兵回报说城内一切正常，连百姓都在安心劳作。司马懿心中越发疑惑，不敢轻易冒险，于是选择了撤军。诸葛亮成功化解了危机，吓退了敌军。这个故事告诉我们，做事要善于布局。

凡事不可操之过急

为人处世，要掌握一定的技巧，擅长观察眼前的形势，高瞻远瞩，只待时机一到，就收网。很多人都缺乏耐心，急功近利，最后不仅事没办好，还败坏了自己的兴致。

选择的力量：选对方向，事半功倍

成功者都有一个共性，那就是知道什么时候该取，什么时候该舍。他们会在关键时刻做出选择，选择最适合自己的，进而成就人生的辉煌。

很多人在做选择时，通常不考虑自身的实际情况，像一只无头苍蝇一样乱撞，最后让自己遍体鳞伤。所以，明确人生的方向非常重要。

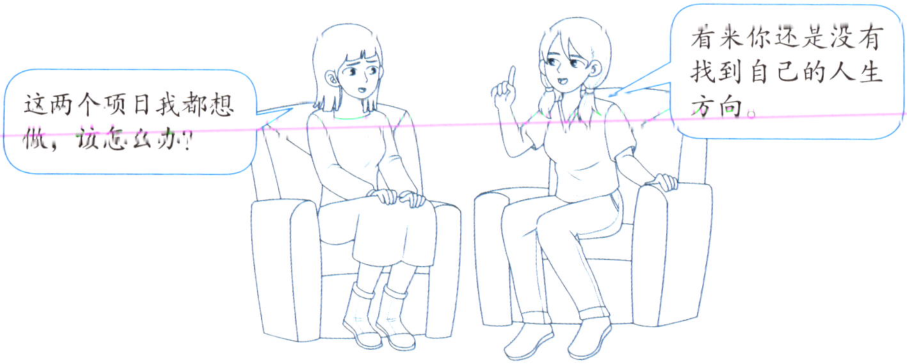

人这一生，不努力当然是不行的，可努力也是要有前提条件的，那就是选择正确的方向。相比努力，选择要重要得多。成功从本质上来说就是一种选择，选择对了，努力才会更有意义。

人生就像一场漫长的旅行，选择正确的方向才能让我们走得更远。爱因斯坦小时候曾对小提琴抱有极大的热情，但他的演奏很普通，他的老师诚恳地建议："或许你应该重新考虑你的人生道路，可能你的天赋并不在小提琴上。"这句话像一盏明灯，点亮了爱因斯坦迷茫的心灵。

于是，爱因斯坦决定转向物理学领域，开始深入探索量子力学的奥秘。他的研究不仅冲破了经典力学的束缚，还发现了广义相对论和狭义相对论，为人类的科学进步立下了汗马功劳。他也因此获得了诺贝尔物理学奖。如果爱因斯坦当初没有听从老师的建议，继续在小提琴的道路上苦苦挣扎，那么世界上只会多一个普通的小提琴手，而少了一位推动物理学发展的伟大科学家。这个故事告诉我们，选择正确的人生方向至关重要。只有选对了方向，我们才能更好地发挥自己的潜能，创造出更加辉煌的人生。

选对方向才是成功的前提

有的人看上去漫不经心，却拥抱了成功，有的人忙碌万分，却以失败告终。其中的差别就在于前者找到了适合自己的人生目标，一直在走上坡路。而后者因为方向没选对，导致努力白费。

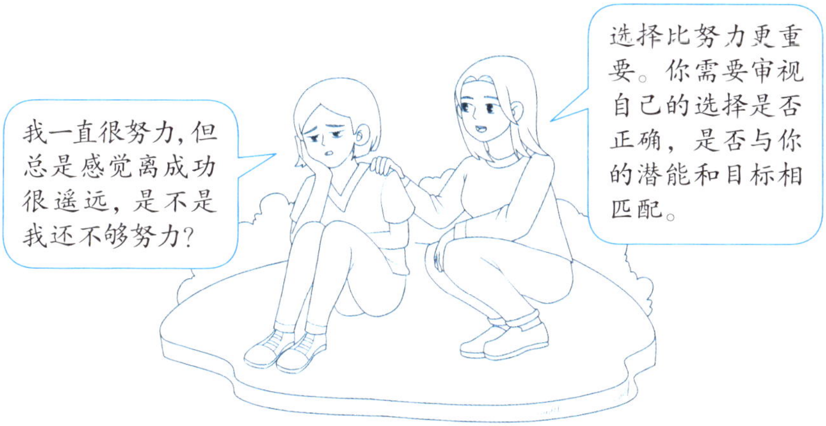

及时改正错误

当你发现自己努力了很久，却依然一无所获时，就要检查自己有没有找对方向。如果方向错了就要及时改正，换一条正确的路走，你才能更快抵达目的地。不管做什么事情，都要先想好选择的方向对不对，只有方向对了，才能发挥出你真正的价值，也会更靠近成功。

做人，最重要的是做出正确的选择。生活就像一个复杂的棋局，每一步都充满变数，每一次抉择都关系到未来的走向。面对困境，我们要冷静分析，理性判断，不被眼前的利益所迷惑，更不因一时的冲动而做出错误的决定。正确的选择，需要智慧，需要勇气，更需要一颗坚定的心。只有做出正确的选择，我们才能在人生的道路上越走越远。

公元前473年，越国终于打败了吴国，报了仇。但就在这个时候，范蠡决定离开越国。很多人都不理解，为什么他要在成功的时候选择离开呢？这正是因为范蠡知道选择的重要性。范蠡是个聪明人，他明白勾践这个人虽然能共患难，但难以同享福。所以，在越国胜利后，他看到了危险。他知道，一旦勾践开始忌惮他的功劳和威望，他的日子就不好过了。历史上这样的例子太多了，像韩信这样的英雄，最后也是因为功高震主而落得悲惨下场。

范蠡也懂得看时机。他知道，伴随着越国的胜利，他的政治生涯已经到达了顶峰，再往前走就会危机四伏。所以，他选择了在最合适的时机离开，给自己找到一条安全的退路。范蠡的选择，告诉我们一个道理：在人生的道路上，选择比努力更重要。有时候，我们需要勇敢地做出决定，因为只有选对了方向，我们才能走得更远，更稳。

请做出正确的选择

终其一生，我们都在做选择。持续做出正确的选择，才能让我们收获成功。如果选择一再失误，就会带给我们失败。一个人的选择往往决定了他是走向成功还是失败。在人生的每个重要关口，做选择都要慎之又慎。

第五篇

人际交往的智慧，洞察他人内心的智慧

一个人成熟的标志，就在于他懂得自尊自爱。在与人交往时，我们要把握好度，既要懂得自我控制，也要学会尊重他人。学会保护自己，并不是让我们独居一隅，而是要在人际交往中保持独立、自信。而尊重他人则是指正确地向对方阐述自己的观点，不要过度指责对方。

携手共进：取长补短，共创辉煌未来

优势互补的朋友是你郁闷时的强心剂，是你无聊时的开心果，还是打遍天下无敌手的好盟友。多交优势互补的朋友，幸福的人生就指日可待了。

这世上没有人是完美的，我们要擅长发现他人的优势，学习他人的长处。成功者之所以可以取得成功，就源于他们的潜能得到了开发。

一个人之所以能干，任何棘手的问题到了他手里都可以轻松化解，就在于他擅长让身边的人为己所用，这就是借势的好处。对于做事而言，借势就如同鸟儿的羽毛，会助你一飞冲天。

成功从来不是轻易可以达成的，它需要时间、努力和智慧。然而，如果我们能够聪明地借助外力，那么成功的概率将会大大增加。历史上的曹操就是一个很好的例子。

曹操，一代枭雄，深谙集思广益之道。他明白，一个人的力量有限，但如果能够将众人的智慧集结起来，那将是一股不可估量的力量。因此，他颁布了《求贤令》，旨在吸引天下英才，共同谋划大业。在这道《求贤令》的号召下，无数才子投奔曹操，他的阵营中人才济济。这些人才为曹操出谋划策，助他制订了一系列精妙的作战计划。正是依靠这些得力助手，曹操才能在乱世之中赢得一席之地，建立赫赫战功。曹操的故事告诉我们，成功并非一蹴而就，只要我们学会巧妙地借助外力，汇聚身边的智慧和力量，便能够大大增加成功的概率。

待己以严，待人以宽

做人切忌待人以严，待己以宽。要想交到知心的朋友，在事业上有所突破，就要严格要求自己，宽容对待他人。懂得原谅他人的过失，你才能拥有好人缘，也为自己赢得尊重。

多途径了解对方

在与人交往时，我们不仅可以通过已经掌握的资料来了解对方，还可以通过观察对方的一言一行，来判断对方的个性。尤其要通过对方所说的话来了解对方，因为一个人的心理活动和性格特点都会通过他所说的话表现出来。

纵观那些成功人士，排除个人能力、机会这些因素，他们也非常擅长结交朋友。单枪匹马自然也可以获得成功，但如果有朋友助力，事业会发展得更快。请珍惜生命中的贵人，因为他们会在你的背后助力，让你飞得更高、更远。

结交卓越的朋友，往往能助力个人成长与事业腾飞。春秋时期，管仲与鲍叔牙的情谊堪称典范。管仲与鲍叔牙自幼便结下深厚的友谊。尽管家境悬殊，但两人志同道合，怀揣着建功立业的雄心壮志。鲍叔牙家境优渥，却从不炫耀富贵；而管仲虽出身贫寒，却才华横溢，志存高远。他们彼此扶持，共同钻研学问，时常探讨国家大事。

在齐国的政治舞台上，管仲与鲍叔牙各展所长，为国家的昌盛富强贡献着智慧与力量。管仲凭借其卓越的政治智慧与深邃的洞察力，辅佐齐桓公成就春秋霸业；而鲍叔牙则以高尚品德与卓越的军事才能，赢得世人的敬仰与赞誉。他们的友情源于相互欣赏与尊重，更基于共同的理想与追求。他们相互学习、相互支持，共同成长。管仲从鲍叔牙身上汲取坚韧不拔的精神与忠贞报国的品质；而鲍叔牙也从管仲身上领略到睿智与远见。

多结交优秀的人

《孟母三迁》的故事告诉我们，选择一个好环境有多么重要。交友时，一定要选择那种阳光、积极的人。如果你结交的都是一些爱嚼舌根的朋友，那么你就会处处受阻。如果你身边都是优秀的人，那么你也会在潜移默化中变得优秀起来。

面子与和谐：在冲突中寻求和解

与人交往时，得饶人处且饶人。如果你得理不饶人，不仅会伤了对方的面子，让对方下不来台，也会伤了自己的里子。

当有人因为一时失误感到困窘时，你千万不要幸灾乐祸。不分场合地指责、谩骂他人，这会伤及他人的尊严，给他人带来难以消除的伤害。

与人交往，保全他人的面子，其实也是给自己挣面子。当有一天，你对他有所求时，他自然不会袖手旁观。要想拥有好的人际关系，你就必须学会给他人台阶下。唯有如此，你才能得到珍贵的友情、爱情，赢得他人的信赖。否则，你很有可能会遭到他人的报复，陷入难堪的境地。

关羽，一代武圣，威震华夏，然而他性格中的傲慢与自大最终让他走上了绝路。在那个三国鼎立的年代，孙权作为东吴之主，曾有意与关羽修好关系，甚至提出与关羽结为姻亲。这本是增进两国情谊的绝佳机会，但关羽却以他的高傲态度，否定了孙权的提议。他的一句话，就像一把尖刀，深深刺入孙权心中。关羽说：“我的女儿岂能嫁给你这般平庸之人之子？”

孙权被关羽的傲慢激怒，心中的怒火难以平息。他不再顾忌两国的情谊，果断进攻荆州。关羽在连续的败仗中，被迫退守麦城，然而，最终还是没能摆脱孙权的追杀，一代英雄就这样陨落。关羽的故事警示我们，做人不能过于傲慢，要学会尊重他人，给他人留有余地。因为只有尊重他人，才能赢得他人的尊重；只有给他人留面子，才能在日后相处中保持和谐的关系。

给朋友留面子

要想拥有好的人际关系，就要懂得给对方留面子。不要自作聪明地当众指出对方的错误， 对方不仅不会感激你，还会对你怀恨在心。不管你对面站的是什么人，都不说有损他人面子的话。

时刻铭记维护他人的尊严

中国人是很讲面子的，而面子也就是我们平常所说的尊严。在与人交往时，一定要注意维护他人的尊严。如此你才能赢得他人的尊重，保护自己的面子。当你时刻维护他人的尊严时，他人也会予以你肯定，你们之间的关系才会更亲密。

在与人交往时，一定要记得给他人留面子。当你不给他人面子时，别人又如何能给你面子？在一些无关紧要的事情上，不要太过于计较，给他人一个台阶下，其实也是给自己留了面子。越是在人多的场合，越要懂得给他人留面子。

在曾国藩步入仕途初期，他经常毫不留情地批评身边的人，这让他得罪了不少朝廷重臣和地方上的显贵，也因此招来了无数的打压与报复。当太平天国运动席卷全国时，曾国藩挺身而出，为了国家的安危，他直言进谏，毫不避讳地指出了朝廷的三大弊端。然而，这种无所顾忌的言论，虽然出于公心，却也让皇帝感到颜面尽失，险些下令治他的罪。

然而，曾国藩并未因此气馁。他深入反思，仔细研读古籍，寻找自己在官场中四处碰壁的原因。最终，他意识到，自己的问题在于言辞过于尖锐，没有考虑到他人的感受，从而给自己带来了诸多麻烦。于是，曾国藩开始学着换位思考，逐渐领悟“言多必失，话到嘴边留三分”的道理。他不再轻易发表意见，而是学会了在适当的时候保持沉默，给他人留足颜面。这样的转变，使他在官场上变得得心应手，赢得了更多人的尊重与信任。

勿伤了他人的面子

精于世故的人之所以受欢迎，很重要的一个原因就是他懂得维护他人的颜面。遇到和面子有关的问题时，一定要小心，不可当面让人下不来台。对人有意见，最好私底下沟通，不要当面指出，以免伤及对方的尊严，这才是一个会做人的人的正确做法。

人际关系的平衡智慧：宽以待人，适可而止

宽容是一种高贵的品质，只有你对别人宽容以待，别人才会包容你。如果你对别人充满敌意，必然会深陷孤独中无法自拔。

人生漫漫，因为自私而犯错的人比比皆是。可是不管什么事都要把握好度，如果一味追逐个人利益而伤害他人，最终也会伤害我们自己。

做人要像大海一样，有海纳百川的雅量。心有天地宽，路才能越走越宽。对他人宽容以待，你的心中才会充满爱。

秦穆公统治时期，他因自信过度而犯下了一个错误。当时，他未采纳蹇叔的建议，执意派孟明视、西乞术、白乙丙这三位将军远征郑国。秦军遭受了惨败，三位将军也被敌方俘虏。经过不懈的努力，他们终于回到了秦国。然而，出乎他们意料的是，秦穆公没有责怪他们，还坦诚地说："是我没有听从蹇叔的劝告，才让你们承受了这样的屈辱。"时光荏苒，两年后，秦穆公再次将孟明视等

人派往前线与晋国作战。然而，秦军再次遭遇了失败。众人纷纷猜测，秦穆公这次一定会严惩孟明视等人。然而，这次秦穆公依然没有责怪他们。几年后，秦穆公再次任命孟明视为将领，领兵征讨晋国。这一次，秦军背水一战，士气高涨。最终，秦军取得了胜利。秦穆公的故事告诉我们，宽容是一种强大的力量。只有当我们学会宽容地对待他人的过失和失败时，才能够激发出更大的潜力和战斗力。

豁达的人最幸福

身处社会群体中的我们，与别人产生矛盾是不可避免的。这就要求我们心胸开阔一些，如果凡事斤斤计较，最终会影响到我们自己的幸福。动辄在小事上发脾气的人，只会让人觉得他没有气度。当他人犯错，而我们选择原谅对方时，不仅是在帮助他人改错，也在一定程度上保护了对方的尊严。宽容是一种高尚的品质，只有当我们对人、对事宽容时，才能拥有平和的心境。

学会以德报怨

生活中，很少有人能够以德报怨。人生苦短，千万不要跟自己过不去，学会宽容，大度地包容他人的过错，我们的人生才能上一个新台阶。以德报恕展现的是做人的涵养，同时也是一种积极的人生态度。以德报怨，你心中的怒火才能更快消解，从而收获幸福人生。

纵观古今，但凡能做出一番大事业的人，大多是胸怀宽广的人。当我们选择宽容，我们的人生就会越走越开阔。当我们懂得宽容，他人带给我们的伤害也会随风消逝。一个通透的人，懂得原谅他人的过错，让自己快乐起来。

在南宋乾道二年（1166年）那个寒冷的腊月，叶颙（yóng）身兼宰相与国用使的重任，踏入大殿，准备向皇帝表达谢意。然而，他尚未开口，皇帝却先提及了一件往事："林安宅曾无端指责你侄子贪腐，原来背后有郑昺（bǐng）在煽风点火。对此，他也应受到惩罚。"叶颙听后，平静回应："陛下，我并非首次遭受误解和诽谤。很多人遇到这种情况，都选择默默忍受。但我得以洗清冤屈，全赖陛下您的英明果断。如今，我尚未报答皇恩，却因此事增添新怨，这并非我所愿。"皇帝听后，感慨地说："孔子曾说：'伯夷叔齐不念旧恶，因此减少了怨恨。'叶颙，你也具备这样的美德。"

这个故事传颂千古，成为宽容成大事的典范。叶颙的故事告诉我们，面对误解和诽谤时，我们应保持冷静和理智，用宽容和包容的心态去化解矛盾。

宽容他人的人才是做人的高手

当你和对方意见不一时，你不是一味地坚持己见，而是想办法理解对方，这就是宽容。但凡想要在事业上有所突破的人，心胸就要开阔一些。是人都会犯错，不要苛求对方。当你能够宽容那些做错事的人，不和他们斤斤计较，你才会变得豁达。这是一种为人处世的技巧。

社交的弹性之美：刚中有柔，柔中带刚

有的人是人际交往的高手，有的人则怵于人际关系，其中一个很重要的原因就是他们不擅长给人留余地。究竟怎么留余地，这是一门大学问。

难得糊涂是一种大智慧，原谅他人的一些小过失，不过于苛求他人，多看他人的优点和长处， 你就会发现拥有好人缘原来是如此简单。

在人际交往中，我们应学会察言观色，善于倾听与理解他人的需求与感受。遇到矛盾或冲突时，不妨先以和为贵，用温和而巧妙的方式化解分歧，避免直接冲突。

清朝末年，有一位朝廷重臣名为张之洞，他以圆融的处世之道在官场中声名远扬。当时，张之洞身居山西巡抚的高位，泰裕票号的孔老板欲赠予他一万两银子。然而，张之洞却以谦逊的姿态婉拒了这份礼物。但又考虑到山西百姓的疾苦，他心生一计。他想将这笔银子用于救济百姓，让这笔钱真正发挥它的价值。

孔老板被张之洞的善举打动，决定捐出更多的银子。但同时，他也提出了两个要求：一是希望张之洞能为他的票号题写一块匾额；二是希望能获得一个候补道台的官衔。对于捐官之事，张之洞深知朝廷有例可循，便应允了下来。而对于题写匾额之事，他则展现出了极高的情商。他并未直接称赞孔老板的票号为天下第一，而是巧妙地写下了“天下第一诚信”六个字。这既表达了对诚信的赞誉，又避免了直接吹捧该票号，展现出他圆融的处世之道。最终，张之洞成功地为山西百姓筹集到了善款。

学会适时装傻

生活中我们时常可以见到这样一类人，他们八面玲珑，无论和谁打交道都游刃有余。这样的人擅长揣摩人心，适应社会的能力较强，知道在什么场合该说什么样的话。在与人交往的过程中，要懂得适时装傻。尤其是在领导面前，更要懂得藏拙，不要事事都锋芒毕露，不要不合时宜地指出对方的不足。装傻并不是真傻，是为了给对方台阶下。

方与圆

为人处世，不仅要遵守原则，还要学会灵活多变，做到刚柔并济。如果只懂得坚守原则，则会处处碰壁，很难成就一番事业。如果只会投机取巧，则缺乏主见，为人所瞧不起。将两者结合起来，势必会变得智慧通达，在人际交往中做到左右逢源。

刚是一种坚定的力量，是让人立于这世间的资本。而柔则会让人变得亲和，让人长久屹立不倒。如果用刚去对付刚，则会碰得头破血流；如用柔去对付刚，则会事半功倍。刚烈的人极易丧失理智，而柔和之人则可以克服这一弱点，征服刚烈之人。

汉朝的开国君主刘邦，在处理政务时展现出了刚柔并济的高超智慧。想当年，楚汉相争之际，季布作为项羽麾下的猛将，多次令刘邦陷入困境。因此，刘邦对季布心生怨恨。西汉建国之初，刘邦愤然下令，悬赏千金捉拿季布，誓要将其绳之以法，甚至威胁世人，谁敢藏匿他将遭灭门之灾。当季布巧妙伪装，躲避追捕，最终得到朱大侠的庇护时，刘邦并未急于行动。他静观其变，等待时机。朱家了解季布的才能，更明白刘邦的雄心壮志。朱大侠巧妙地劝说滕公，滕公被朱大侠打动，向刘邦转述了朱大侠的想法。

刘邦听后，深以为然，为了国家的长治久安，他必须放下个人恩怨，赦免季布。这一举动不仅让季布感念刘邦的宽宏大量，更让天下人看到了刘邦的治国智慧与气魄。刘邦刚柔并济的处事方式，不仅赢得了人们的尊敬与赞誉，更为后世君主树立了榜样。

做个“方圆”之人

在与人打交道的过程中，要保持一定的弹性，注意说话的分寸，做个“方圆”之人。这样的人行动果敢，擅长观察形势，该退则退。他们具有大智慧，又有大肚量。无论遇到什么事，他们都能泰然处之。

社交艺术的从容智慧：适时止步，余地自在

人生在世，懂得见好就收的人才是智者。人生不可能一帆风顺，美好的时光总是短暂的，会见好就收的人才能有满满的收获。

做人一定要记得给自己留条退路，不要一条道走到黑。懂得见好就收，才能知足常乐。当形势不允许时，要适时撤退，才是大智慧。

做人做事，务必留有余地。这不仅是一种智慧，更是一种修养。在人际交往中，我们应该学会尊重他人，避免过于犀利的言辞和过激的行为，以免给他人造成伤害。留有余地，意味着给自己和他人留下回旋的余地，让事情有更大的发展空间和可能性。同时，这也是一种自我保护的方式，避免因为过于极端而陷入困境。

唐朝的郭子仪是一位著名的将领，为唐朝立下了赫赫战功。然而，他为人却极其谦和，行事谨慎，从不轻易得罪人。

中唐时期，有一位名叫卢杞的宰相，他虽出身名门，却以奸诈

闻名，陷害忠良无数。某日，他来到郭子仪的府邸拜访。郭子仪深知卢杞的为人，为了顾及卢杞的脸面，他特意将家中的女眷全部请出，以免她们因无心之言而让卢杞难堪。

在交谈中，郭子仪对卢杞表现得极为尊重，两人相谈甚欢。这次拜访让卢杞感受到了郭子仪的真诚与器重，心中对他充满了感激。后来，卢杞果然官运亨通，成为宰相。他对那些曾嘲笑或得罪过他的人进行了残酷的报复，唯独对郭子仪手下留情。郭子仪的为人处世之道，为我们树立了榜样。他做人做事总是留有余地，既尊重了他人，也保护了自己。避免因一时冲动而得罪他人，为自己带来了麻烦。

留有余地才不会行至水穷处

在与人交往时，千万不要把话说得太满，也不要把事做得太绝，给自己留一条退路，也给他人留有余地。这既能保全自己，也能让自己有机会从头再来。

该放手时就放手

聪明人都懂得，该放手时就必须要放手，否则只会徒增烦恼。人生最难做到的两个字就是放下，最难拿捏的两个字就是尺度。只有学会放手，才能为你省去更多烦恼，轻装上阵，才更容易做出一番成绩来。而恪守尺度的人往往是既有定力又有悟性的人。

懂得留余地，不赶尽杀绝，凡事见好就收，这样事情才有回旋的余地，找到完美的平衡点，让自己屹立不倒，别人也会对你感激不尽。

清朝的传奇商人胡雪岩名震四海，不仅有“红顶商人”之称，更被赐予二品顶戴，堪称徽商之典范。昔年，胡雪岩独具慧眼，一举买断湖州府的蚕丝，从而垄断市场，无论百姓还是洋商，皆需向他采购，此举令其获利颇丰，名声大噪。尝到甜头后，胡雪岩次年再度出手，欲复制前年的辉煌。然而，世事难料，洋商此次竟以低价抛售日本人造丝，令市场格局突变。这让胡雪岩措手不及，亏损高达六千万两白银，元气大伤，几乎一蹶不振。幸得左宗棠出手相助，才得以渡过难关。

经此一事，胡雪岩深刻领悟：商海沉浮，不可贪得无厌，更不可将他人逼至绝境。若不留余地，便是自断后路，自此以后，他学会适时退步，给予他人发展空间，以和为贵，共创繁荣。胡雪岩的经历告诉我们，做人做事都应适可而止，留有余地。在追求自身利益的同时，也要顾及他人，方能长久发展，共创和谐未来。

凡事留余地

做人也好，做事也好，如果是好的事情，当然要留有余地。如果是不好的事，有违原则的事，则没必要留余地。明智的人都懂得不把话说绝，不把事做绝，留有余地的同时，也给自己留下退路。

人际关系的润滑剂：化解矛盾，以和为贵

古今中外，但凡在事业上取得成就的人，大多具有宽容大度、以和为贵的品质。心胸宽广的人，更容易收获真诚的友谊，也更容易和他人团结一致。

古代圣贤提倡以和为贵，他们深知，人与人之间只有相互包容，才能形成亲密的关系。因为一点儿小事就大动干戈，则会因小失大。

如果他人得罪了自己，我们要学会忘记。如果他人有恩于我们，我们则要牢记于心。如果你一直记得他人对自己造成的伤害，最终受伤的是我们自己。人活一世，要想活得轻松一点儿，就要学会忘记不快。

三国时期，蜀国有一位威震四方的武将——张飞。他勇猛无比，智勇双全，为蜀国立下赫赫战功。然而，正是他性格中那份难以控制的暴烈，最终让他走上了不归路。

张飞在军中素来脾气火暴，每次饮酒后，他都会挥舞鞭子，对

士兵们施加严厉的惩罚。刘备多次劝诫他，希望他能够收敛自己的脾气，但张飞从未真正改过。关羽离世后，他急于为关羽复仇，下令手下范疆、张达在极短的时间内备齐部队所需的“白衣白甲”。他们诚恳地请求张飞宽限几日，张飞听后却勃然大怒，不仅将两人绑在树上鞭打，更是将期限缩短至第二日，并威胁说若不按时完成任务，便要他们的性命。张飞未曾想到，自己的暴怒最终会引来杀身之祸。在一个月黑风高的夜晚，范疆和张达趁着张飞酩酊大醉之际，结束了他的生命。

这个故事告诉我们，做人要讲和气。用冷静和理智的态度去面对生活中的种种挑战。

和气是做人的根本

一个人要想在社会上立于不败之地，好的人际关系是必不可少的。古语有云：以和为贵，和气生财，这都在告诉我们，和谐的人际关系是成大事的根本。不要被愤怒冲昏了头脑，保持和气，才能拥有强大的人格魅力。

共赢才是最好的状态

人生不是战场，不是非要争个你输我赢，共赢才是最好的状态，大家好才是真的好。这个时代早已不是天大地大我最大的时代，只有互惠互利，大家才能得到更好的发展。如果和他人形成敌对关系，你的事业也将难以长久发展下去。

人生在世，发生矛盾是不可避免的，很多人会因此争论不休，这是非常不明智的。每个人都有自己的行事标准，我们不可能要求他人和自己一样。保持开阔的心胸，圆融一些，凡事以和为贵，不认死理，自然会更受欢迎。

北宋初期，李昉（fǎng）与卢多逊曾是一对肝胆相照的朋友。然而，随着卢多逊荣升宰相，他对李昉的态度逐渐变得冷漠，甚至开始打压昔日的挚友，不时向皇帝进谗言。但命运总是难以预料，卢多逊因罪被贬，而李昉则接过了宰相的重任。令人敬佩的是，李昉并未因往日的恩怨而记恨，反而多次在皇帝面前为卢多逊求情。

身居高位的李昉，时常面临各种请托，但他总能以和为贵，巧妙应对，既不得罪人，又能坚守原则。对于那些才华横溢的人才，李昉总是在皇帝面前积极推荐他们，在他的鼓励和推荐下，许多有识之士得以踏上仕途。

李昉一生秉持以和为贵的理念，与人为善，赢得了众人的尊重和敬佩。他的子孙也继承了他的风范，相继在朝廷中担任要职，为国家的繁荣稳定做出了贡献。李昉的故事告诉我们，以和为贵是成就伟大事业的关键。只有以和为贵，才能化解矛盾，凝聚人心，共同创造美好的未来。

做个会处理冲突的人

面对意见不一致的局面，人们往往会争执不休，大部分人见到这种场景都是两手一摊，不知道该怎么办才好。而少数人擅长处理这样的矛盾，他们不会与任何一方产生矛盾，而慢慢地消除彼此之间的对立，最后形成一致的观点。

和解的力量：与人争执，不如平和以对

世上不如意之事十之八九，如果整天为不如意的事忧心，那么我们就会活得越来越累。不要为难自己，遇到难事，笑一笑，没什么大不了！

与人相处，要学会宽容和忍让，这既是维护对方的尊严，也是给自己留面子。宽容一些，既可以避免对方的报复，也可以让对方为自己所用。

人生百态，酸甜苦辣。你必须有能容人的肚量，才能轻装上阵，消除隔阂，活出自己的精彩。

西汉时期，有一位名扬四海的丞相，名叫陈平。他少年时期家境贫寒，与兄长为伴，共同经历生活的风风雨雨。为了完成父亲的遗愿，他毅然放弃农耕，专心攻读，却因此受到了嫂嫂的责备与排斥。面对嫂嫂的冷嘲热讽和羞辱，陈平选择了宽容。他明白，家庭的和睦比个人的荣辱更为重要。然而，嫂嫂的态度却愈发恶劣，最终陈平无奈地离家出走，漂泊在外。好在哥哥及时醒悟，将陈平追回。面对曾经的矛盾，陈平十分宽容。他不仅阻止了哥哥将嫂嫂休弃的行为，更以行动证明了宽容的力量。

后来，一位德高望重的老者听闻了陈平的事迹，深受感动，决定传授他学问。陈平学有所成后辅佐刘邦，共同开创了一番伟业。陈平的故事告诉我们，宽容是一种崇高的品质。它不仅能够化解家庭矛盾，促进家庭和睦，更能够成就个人的辉煌事业。

掌控好情绪的重要性

真正的强者，都懂得克制自己的情绪。当生活中出现一些棘手的事情，如果不能掌控自己的情绪，任由火气发泄出去，那么在伤害他人的同时，也会影响到自己的前程。年轻人的情绪往往不受控制，如果你任由自己的情绪泛滥，你的生活很可能会一团糟。宽容不但有益于个人生活，也有益于事业的发展。成大事之人一定要学会容人，这才是建立良好关系的不二法门。

宽容是解除矛盾的秘方

从古至今，宽容都是一种至高无上的美德。不要为小事挂怀，不要为了不值得的人和事与他人闹得不愉快。谁人背后不被人说，当听到他人议论自己时，大可一笑置之，不用理会。按照自己喜欢的方式生活，不用在意他人的目光，才能活出肆意而畅快的一生。

一个胸怀大志的人，不会在小事上过度纠结。芸芸众生，不过尔尔。犯不着为了一些小事生气，内心通透的人，很容易卸下心中的怨气，明白生气是不值得的。

春秋时期，楚国取得了一次辉煌的胜利，楚庄王在宫廷举办盛大的宴会来庆祝胜利。当宴饮正酣之际，一阵风将灯火熄灭，整个宫廷一片漆黑。在黑暗中，有人悄然接近了庄王的爱妃许姬，试图对她不敬。许姬机敏地挣脱了对方，并悄悄拔下了那人帽上的缨饰。随后，她匆匆来到庄王面前，低声禀告了此事。然而，庄王听后并未动怒。他深知将士们征战辛苦，酒后失态乃是人之常情。于是，他淡然一笑，高声对众人说道："今日盛宴，大家尽可畅饮。为了助兴，请诸位都拔下帽缨，尽情欢乐吧！"众人闻言，纷纷照做，宫中再次响起了欢声笑语。

几年后，楚国与晋国交战。庄王率领大军迎战，意外发现一位将军在战场上格外勇猛。他奋勇杀敌，所向披靡。战后，庄王召见这位将军，询问他为何如此英勇。将军含泪答道："大王当年的宽容之恩，我铭记在心。"

冲动行事不可取

不管在什么情况下，人都要保持理智，行动之前要三思，否则就有可能误入歧途。在制定问题的解决方案时，也要先思考行动方向，再采取实际行动。冲动易怒的人一定要明白，冲动行事只会让自己身陷困境，单凭直觉做事是很难成功的。